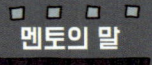
멘토의 말

# 우리 공학의 미래를
# 무궁무진한 가능성이 있는 여러분에게

　오늘날 우리는 주변에 넓고 깊게 퍼져 있는 다양한 공학 기술을 이용하면서 살고 있습니다. 그러나 숨을 쉬고 있어도 공기의 존재를 매 순간 의식하지 않듯이, 늘 사용하는 공학 기술을 당연한 것으로 생각하지요. 만약 우리가 바다에서 표류하다가 무인도에 정착하게 된다면 우리 주변에 존재하는 기술들이 우리 생활에 얼마나 많은 영향을 미치고 있었는지 바로 알게 될 텐데 말이에요. 공학 기술은 효율과 편리함을 추구하는 과정에서 발전해 왔고 그런 기술 덕분에 우리는 지금, 예전에는 꿈도 꿀 수 없던 다양한 것들을 즐길 수 있습니다.

　미래의 공학 기술은 전통적인 토목 공학, 기계 공학, 재료 공학, 전자 공학, 화학 공학, 생명 공학 등과 새롭게 부상하는 컴퓨터, 정보 통신 등 다양한 공학 분야가 결합하여 발전해 갈 것입니다. 이 책에는 이미 구현되어 생활에 적용되고 있거나 또는 아직 구현되지 않은 다양한 공학 기술들이 나오는데, 아직 구현되지 않은 기술들은 현재 성장하고 있는 어린이 여러분이 해야 할 일입니다.

앞으로 공학 기술은 세상을 바꾸려는 열망을 가진 공학자들의 상상력에 따라 무궁무진한 가능성을 가지고 발전해 갈 것입니다. 우주 탐사 회사 '스페이스 X'와 전기 자동차 회사 '테슬라'의 대표 경영자인 일론 머스크는 인간을 화성에 보내겠다는 의지로 로켓을 발사했고, 화석 연료 사용을 줄여 지구 온난화 문제를 해결하고 고된 운전으로부터 인간을 자유롭게 하겠다는 열망으로 전기 자동차와 자율 주행 기술을 만들었다고 하지요. 어린이 여러분 중에서도 세상을 바꾸려는 의지와 뛰어난 상상력으로 인류가 살아가는 방식을 바꿀 수 있는 미래 기술을 개발하는 공학자가 나오기를 기대합니다.

새로운 기술은 현재의 기술을 뛰어넘을 수 있게 효율적이거나 가격 경쟁력이 뛰어나야 앞으로 나아갈 수 있을 것입니다. 또한 기술 발전이 화석 연료의 사용이 급증시켜 기후 변화, 지구 온난화 현상 등 여러 환경 문제를 일으킨 것처럼, 공학 기술의 발전이 항상 긍정적인 것만은 아닙니다. 그래서 부정적인 면을 줄일 수 있는 방향으로 기술 개발이 진행되어야 할 테고요. 어린이 여러분이 지속 가능한 지구를 만들 환경친화적 공학 기술을 개발할 수 있기를 바랍니다.

주오심
(KIST 청정에너지연구센터 책임연구원)

**작가의 말**

# 공학이 만드는 이로운 세상

    텔레비전이나 스마트폰, 냉장고가 없다면 어떨까요? 게다가 전기도 사용하지 못한다면요? 아마 세상은 멈춰 버릴 거예요. 학교나 병원, 은행 같은 곳은 제대로 일을 하지 못하고 비행기, 지하철 같은 대중교통도 이용할 수 없겠죠. 이런 생각을 하다가 다시 주변을 둘러보니 전기는 잘 들어오고 창밖 자동차들은 신호에 맞춰 잘 움직이고 있네요. 이렇게 세상은 아무렇지 않게 잘 돌아갈 수 있도록 짜인 것 같아요. 그렇다면 무엇이 오늘날의 세상을 이토록 편리하게 만들었을까요? 바로 공학이에요. 공학은 인류가 탄생하면서부터 지금까지 사람들 곁에서 수많은 발명품을 탄생시켰고 문명을 이루면서 발전해 왔어요.

    저는 가끔 놀라요. 아주 오랜 옛날 인류가 사용했던 간단한 도구가 어떻게 오늘날의 최첨단 세상에 이르게 했는지 말이죠. 사실 공학에는 한 가지 공통점이 있어요. 바로 그 중심에는 더 나은 세상을 바라는 '상상'이 있었다는 거예요. 새처럼 하늘을 날고 싶다는 상상이 비행기를 만들었고, 밤하늘에 뜬 별에 가고 싶다는 상상이 우주선을 만들었잖아요. 사람들이 하는 상상은 힘이 세요. 상상에 상상이 더해져 미처 생각지도 못했던 것들이 탄생하기도 했어요.

저는 앞으로의 날들이 기대가 돼요. 여러분이 어른이 되었을 때는 또 어떤 놀라운 것들이 나올지 말이죠. 간단한 장치로 사람이 하늘을 날거나 순간적으로 이동하는 교통수단이 나올 수도 있겠죠. 뜨거워진 지구의 온도를 내려가게 하는 발명품이 나오거나 버려진 플라스틱 쓰레기가 무공해 에너지원이 된다면 정말 반가울 것 같아요.

이렇게 하루가 다르게 변하는 세상을 이해하기 위해선 공학을 알아야 합니다. 공학은 단순한 학문이 아닌 시대를 살아가게 하는 필수 지식인 거죠. 이 책을 통해 어렵고 뜨딱하게만 느껴진 공학이 어떤 학문인지, 공학의 올바른 역할은 무엇인지 알았으면 합니다. 만약 공학자를 꿈꾸고 있다면 한 분야만 집중적으로 살피지 말고 다양한 분야를 두루 알길 바랍니다. 더불어 특정인들에게만 혜택이 돌아가지 않고 모두가 공학적 혜택을 누리는 이로운 세상이 될 수 있도록 고민했으면 해요. 이런 과정을 통해 문제 해결 능력을 키우고 새로운 것을 만드는 즐거움을 만끽하셨으면 합니다. 여러분의 상상이 더해져 꿈이 되고 미래를 근사하게 바꾸는 멋진 공학자가 되길 바랍니다.

박효연

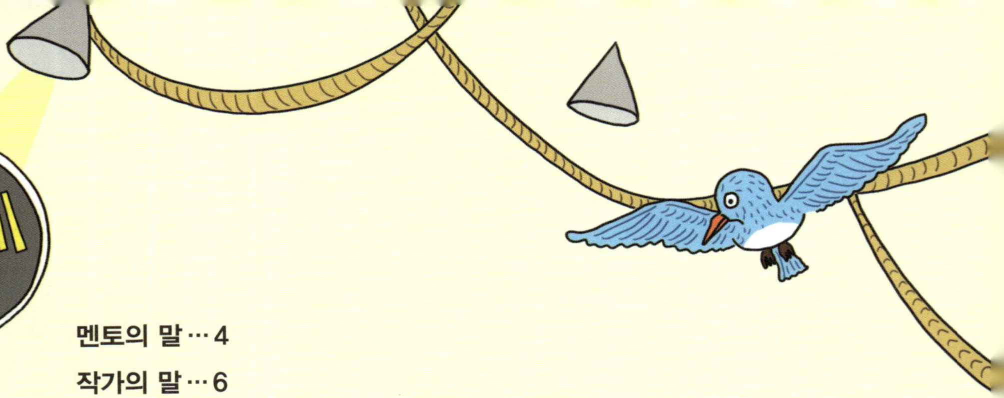

멘토의 말…4
작가의 말…6

## 필요한 것을 만들 거야 … 10
★ 공학이란 무엇인가?

## 결성! 고양이 수사대 … 32
★ 공학 발전의 역사

## 비닐하우스의 수상한 그림자 … 58
★ 우리나라 공학의 역사와 발명품

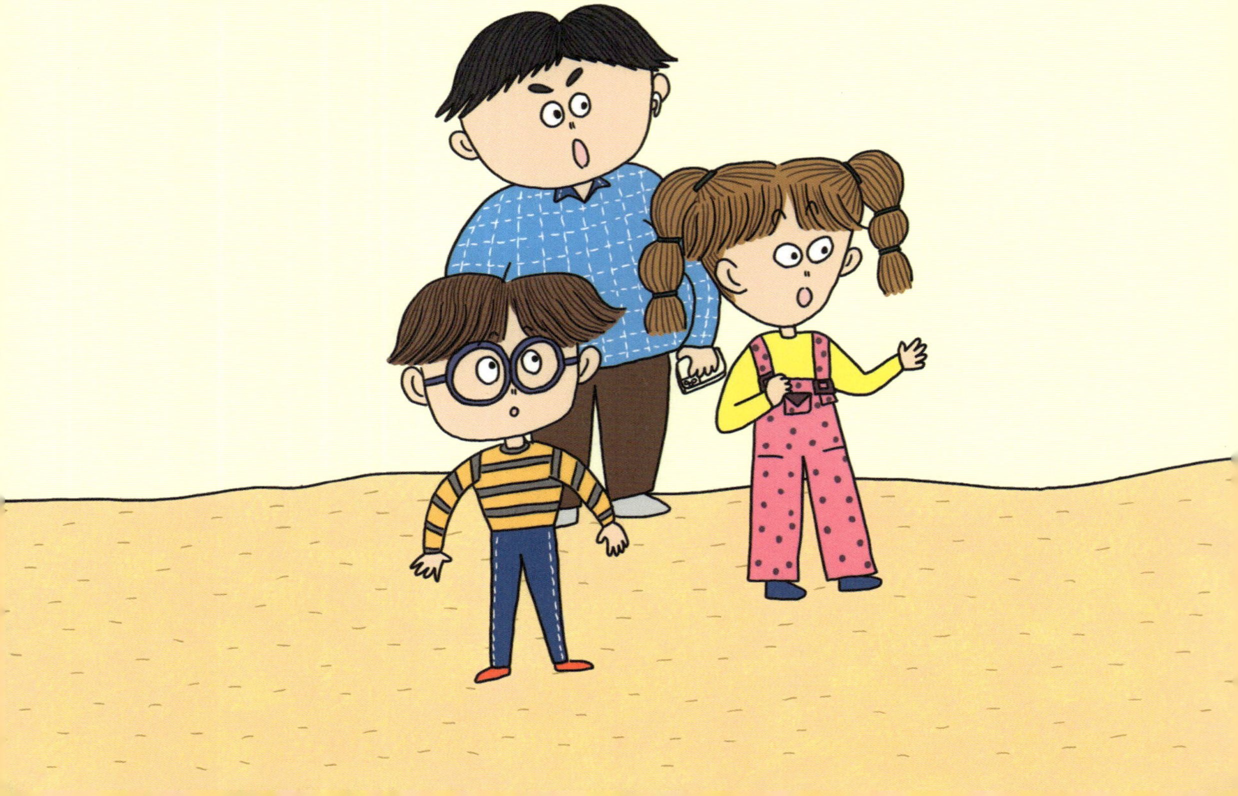

## 장영실의 비밀 연구소 … 88
★ 세상을 연결하는 오늘날의 공학

## 이장의 음모 … 116
★ 지속 가능한 지구와 미래를 고민하는 공학

## 공학이 꿈꾸는 세상 … 140
★ 공학자를 꿈꾸는 친구들에게

## 필요한 것을 만들 거야

교실 안, 아이들이 해찬이 곁으로 옹기종기 모여들었다.

"이번엔 뭐야?"

"뭘 만든 건데?"

모두 기대에 찬 눈으로 해찬이를 바라봤다.

해찬이는 아이들의 반응을 살피며 간능 가방을 열었다. 그러고는 주섬주섬 가방에서 무언가를 꺼냈다.

"짜잔! 시계!"

"시계가 왜? 어떤 시계인데?"

"오, 바늘이 거꾸로 가고 있잖아?"

그 말에 해찬이 주변으로 아이들이 더 몰려들었다.

"우아, 이걸 네가 만든 거야? 정말 신기하다. 시계가 거꾸로 가다니."

"넌 정말 공학자 같아."

아이들은 저마다 감탄의 말을 쏟아 냈다. 해찬이는 그중에서도 '공학자 같다'는 말이 제일 듣기 좋았.

해찬이는 틈이 날 때마다 만들기를 했는데 주로 동생 해준이의 장난감을 분해해서 새로운 장난감으로 바꿔 놓았다. 해준이는 그런 형을 늘 못마땅해했지만 해찬이는 해준이가 뭐라 하든 신경 쓰지 않았다.

그렇게 만든 것들은 만능 가방에 넣어서 학교에 가져갔다. 해찬이의 만능 가방은 언제나 새로운 발명품과 함께 나사, 니퍼, 가위, 풀, 온도계, 나침반 같은 온갖 잡동사니로 가득했다.

해찬이가 거꾸로 가는 시계를 만든 건 엄마를 위해서였다. 어제 해준이와 또 싸웠는데 둘을 본 엄마가 한숨을 쉬며 "내가 너희 때문에 늙는다."라고 하는 거다.

해찬이는 그 말을 듣고 엄마가 늙지 않고 오히려 젊어지는 방법이 없을지 고민했고, 그 고민의 결과가 바로 거꾸로 가는 시계였다.

"쳇, 만날 쓸데없는 물건만 만드는데 무슨 공학자냐!"

좋았던 분위기에 누군가 찬물을 획 끼얹었다. 같은 반 도람이었다. 도람이는 자리에서 일어나 해찬이 주변으로 몰려든 아이들을 헤치며 해찬이에게 다가왔다.

"그래도 신기하잖아. 봐. 거꾸로 가는 시계라고."

누군가 도람이에게 대꾸하자 도람이는 크게 웃음을 터트렸다.

"푸하하! 거꾸로 가든 제대로 가든 그래 봤자 아날로그 시계잖아. 요즘 누가 시간만 알려 주는 시계를 쓰냐?"

그러면서 자신의 왼손을 번쩍 들었다.

"시계라면 이 정도는 되어야지!"

"와!"

해찬이 주변에 있던 아이들이 순식간에 전부 도람이 쪽으로 몰려갔다.

도람이 손목에 최신형 스마트 워치가 채워져 있었다. 스마트 워치는 도람이가 움직일 때마다 번쩍거리며 빛을 냈다.

'얼마 전에는 드론을 샀다며 운동장에서 드론을 띄우더니 이번에는 스마트 워치 자랑이야?'

도람이는 그야말로 없는 거 빼고 모든 걸 다 가지고 있는 아이였다. 그런데 어느 날부턴가 집에 있는 최신형 기기를 학교에 하나씩 가져오기 시작하더니 급기야 SNS 계정을 만들어 최신형 기기 자랑이나 그걸로 찍은 걸 올리기 시작했다. 팔로워 수도 이미 300명이 훌쩍 넘었다.

"거꾸로 가는 시계가 필요한 사람도 있겠지! 그러는 넌, 이런 거라도 만들 수 있어? 못 만들잖아!"

해찬이가 발끈하며 쏘아붙였다. 웬만하면 참으려고 했지만 말 끝마다 자신을 무시하는 것 같아 한 말이었다.

"그런 걸 뭐 하러 만들어? 쓸모도 없는데. 이것 봐. 스마트 워치는 시간만 알려 주는 게 아니라 건강 상태도 기록해 주고, 일정도 알려 주고, 심지어 인터넷 검색까지 할 수 있다고."

말 한마디 지지 않는 도람이가 얄미웠지만 해찬이는 아무 대꾸도 할 수 없었다.

"얘들아, 내 별스타그램에도 놀러 와. 드론으로 우리 동네를 찍었는데 영상이 엄청나게 잘 나왔어. 보고 나면 '좋아요' 누르는 것도 잊지 말고."

사실 작년까지만 해도 둘 사이가 그렇게 나쁘지는 않았다.

도람이는 3학년 때 같은 반 여자아이를 좋아했다. 좋아하는 티를 팍팍 내서 친구들도 다 알고 있을 정도였다. 그런데 여자아이는 해찬이에게 유독 친절했고 자연스럽게 해찬이는 여자아이와 친하게 지냈다.

둘이 친하게 지내는 모습을 본 도람이는 해찬이에게 차갑게 굴며 시비를 걸기 시작했다. 그렇게 3학년이 끝날 때쯤, 여자아이가 전학을 가서 사이가 괜찮아지려나 싶었는데 4학년이 된 지금도 여전히 도람이는 해찬이만 보면 으르렁거렸다.

사실 해찬이는 도람이를 무시하려고 했다. 하지만 별것 아닌 일에도 사사건건 끼어드는 통에 신경 쓰고 싶지 않아도 안 쓸 수가 없었다.

도람이의 얄미운 짓은 점심시간에도 계속되었다.

"앗, 조심해!"

남자아이 다섯이 교실 뒤쪽에서 장난을 치다가 그만 수민이 책상을 건드렸다. 그 바람에 책상 위에 놓아두었던 우유가 쏟아지고 말았다.

"아, 어쩌면 좋아. 하필이면 책 위로 쏟아졌어."

수민이가 울상을 지으며 말했다.

장난을 치던 남자아이들은 자기가 그런 게 아니라며 서로 시치미를 뗐다. 하지만 지금 상황에서 누가 그랬는지는 중요하지 않았다. 엎질러진 우유를 빨리 닦아야 했다. 그러지 않으면 우유가 책으로 더 스며들 것이다.
 해찬이는 수민이 책상으로 불쑥 손을 뻗었다. 뻗은 손에는 만능 가방에서 꺼낸 스펀지가 들려 있었다. 스펀지가 닿자 우유는 순식간에 스펀지로 빨려 들어갔다.
 "우유가 사라졌어!"
 수민이가 깜짝 놀라 눈을 동그랗게 뜨며 소리쳤다. 쏟아진 우

유를 피해서 흩어졌던 아이들도 하나둘 다시 모여들었다.

"마침 가방에 있던 스펀지가 이렇게 쓰일 줄은 몰랐네."

해찬이는 살짝 우쭐해진 기분으로 말했다.

"오, 역시 해찬! 그런데 스펀지가 어떻게 우유를 빨아들인 거지? 어떤 원리야?"

"어떤 원리냐고?"

모여든 아이 중 누군가 질문을 했다. 하지만 해찬이는 쉽게 대답하지 못했다.

'나도 스펀지가 물을 빨아들인다는 사실 말고는 아는 게 없는데……. 이걸 어떻게 설명하지?'

해찬이가 우물쭈물하는 사이, 옆에서 어김없이 밉살맞은 목소리가 들려왔다.

"스펀지는 어떻게 물을 빨아들일까? 스펀지가 물에 닿으면 스펀지 내부의 공기 구멍이 늘어나면서 주변의 공기 구멍과 합쳐지는데 구멍의 크기에 따라……."

역시 도람이었다. 그새 음성 인식이 되는 스마트 워치로 검색한 모양이었다. 도람이는 스마트 워치 화면을 보며 빠르게 찾아낸 정보를 아이들에게 읽어 주었다.

"오오!"

설명을 듣는 아이들이 고개를 끄덕였다. 아이들의 반응에 도람이는 기세가 더욱 당당해졌다.

"저 얄미운 녀석……."

해찬이는 혼잣말로 중얼거렸다. 쏟아진 우유를 수습한 건 분명 해찬이인데 왠지 도람이가 더 돋보이게 된 듯했다.

검색을 마친 후에도 도람이는 아이들에게 스마트 워치 기능을 이것저것 선보이며 자랑했다. 아이들은 신기한 듯 입을 벌리고 감탄했다.

아이들의 관심이 전부 도람이에게 옮겨 가고 해찬이가 잔뜩 풀이 죽어 있을 때였다.

"저……. 너가 우리 학교 만능 해결사라며? 우리 반에 좀 잠깐 와 줄래?"

옆 반 아이가 해찬이에게 말을 걸었다. '만능 해결사'라고 부른 걸로 봐서는 해찬이가 나서야 할 일이 생긴 것 같았다.

해찬이는 만능 가방을 들고 아이를 따라 옆 반으로 갔다. 그 모습을 지켜보던 도람이도 슬그머니 따라나섰다.

"아침에 애들하고 장난치다가 사물함 밑으로 동전이 굴러 들어갔거든. 그런데 사물함이 너무 무거워서 도저히 못 들겠더라고. 동전 좀 꺼내 줄 수 있어?"

해찬이는 사물함을 슬쩍 움직여 보았다. 아이들 몇 명이 함께 들어도 꿈쩍하지 않을 만큼 무거웠다. 청소 도구함에서 빗자루를 가져왔지만 그것도 쓸 수 없었다. 틈이 너무 좁아서 빗자루가 들어가지 않았다.

"뭐, 안 되면 어쩔 수 없지."

해찬이가 말없이 사물함만 바라보자 옆 반 아이가 그럴 줄 알았다는 표정으로 말했다.

"아, 그렇지!"

고민하던 해찬이 머리에 뭔가가 번쩍 떠올랐다. 해찬이는 만능 가방을 열었다.

"찾았다!"

가방 속을 한참이나 뒤적거려 얇은 안테나 하나를 꺼냈다. 예전에 누군가 분리수거장에 버린 걸 주워 둔 건데 이렇게 쓰일 줄이야.

해찬이는 안테나 끝에 끈적한 고무찰흙을 붙였다. 그러고는 안테나를 길게 쭉 뽑아서 사물함 밑으로 밀어 넣었다.

몇 번 앞뒤로 왔다 갔다 하던 어느 순간, 고무찰흙에 동전이 붙었다. 해찬이는 조심스레 안테나를 끌어당겨 사물함 바닥에서 동전을 꺼냈다. 그 모습을 지켜보고 있던 아이들이 너도나도 박수를 쳤다.

"와, 대단하다!"

"정말로 만능 해결사네!"

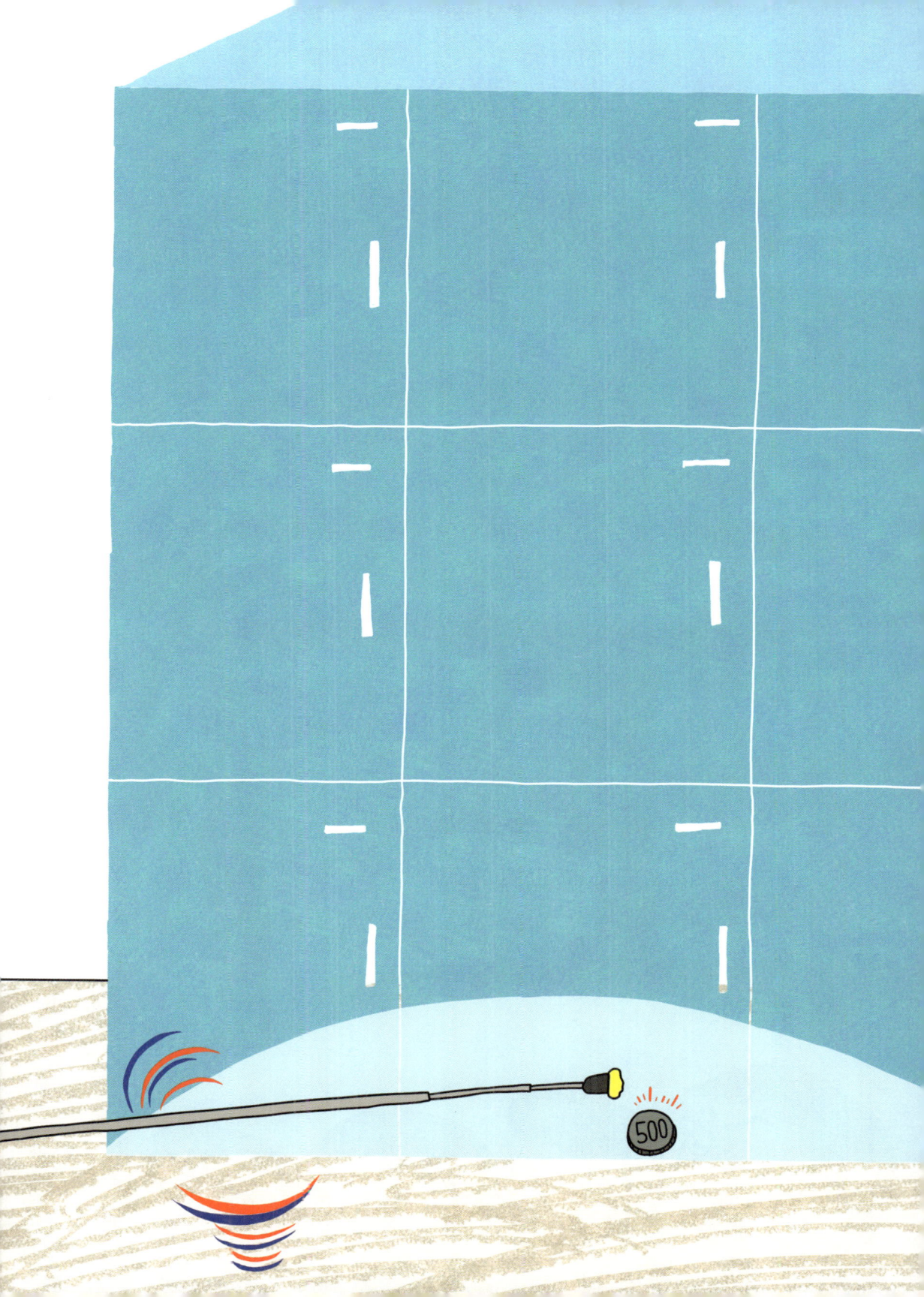

옆 반 아이도 고맙다며 인사를 건넸다.

"쳇, 만능 해결사는 무슨."

아이들에게 둘러싸여 히죽거리는 해찬이를 보던 도람이는 코웃음을 쳤다.

5교시 수업을 마치고 담임 선생님이 교실로 들어왔다.

"오늘은 집에 가기 전에 한 가지 전달할 내용이 있어요."

선생님이 말을 꺼내자마자 아이들 사이에서 불만이 터져 나왔다. 선생님이 뭔가를 전달한다고 하면 그건 대부분 숙제로 이어지기 때문이었다.

"설마 또 과학 숙제예요?"

"왜 만날 우리 반만 추가 숙제를 내주시는 건데요!"

해찬이네 담임 선생님은 과학 담당이었다. 그래서 이따금 해찬이 반에만 특별한 과학 숙제를 내주시곤 했다.

"자자, 조용. 숙제 아니니까 걱정하지 말고. 과학이 아니라 공학, 그중에서도 여러분이 좋아하는 만들기 대회 소식이야. 이번에 처음 개최하는 '고영희 발명 대회'가 있는데……."

선생님은 교실 텔레비전 화면에 대회 포스터를 함께 띄웠다.

"고영희 박사님은 우리나라뿐 아니라 세계적으로도 유명한 공학자이신데 사람들이 유용하게 사용하면서 생활을 더 편리하게 할 여러 가지 방법을 연구하는 분으로……."

## 제1회 전국 고영희 발명 대회

- **주제**: 누구에게나 유익한 발명, 불편함을 해결하는 공학
- **참가 대상**: 발명에 관심 있는 푸른시 초등학생
- **우수 혜택**: 상금 100만 원 + 특허 출원
- **참가 신청**: 홈페이지에서 등록 www.고영희재단.or.kr
- **주최**: 고영희 재단, 푸른시

미래의 공학자, 푸른시 어린이 여러분의 많은 참여 바랍니다.

"에이, 선생님! 과학이나 공학이나 같은 거잖아요."

"과학과 공학? 당연히 다르지. 자, 말이 나온 김에 그걸 숙제로 내줘야겠다. 오늘의 숙제는 과학과 공학의 차이점 알아 오기."

"아, 선생님!"

"숙제 아니라면서요!"

"학원도 가야 해요!"

"그리고 저희가 발명을 어떻게 해요?"

아이들의 탄성이 교실 밖까지 새어 나갔다.

"자자, 조용! 발명 같은 건 에디슨처럼 특별한 사람만 하는 거라고 생각할지도 모르겠지만, 일상에서 느낀 불편함을 해결하려는 마음만 있다면 누구든 할 수 있어요. 우승하면 상금을 받을 뿐만 아니라 특허 출원까지 할 수 있는 좋은 기회니까 많이 참가했으면 해."

선생님은 아이들을 둘러보다가 해찬이를 가리키며 말했다.

"우리 반 공학자 해찬이는 당연히 나갈 거지?"

"네, 그럼요!"

해찬이는 기다렸다는 듯 큰 소리로 대답했다.

'발명 대회라니!'

그런 대회에 해찬이가 빠질 리 없었다. 게다가 상금이 무려

100만 원이나 된다.

　해찬이는 화면 속 포스터를 계속 바라봤다. 100만 원이 생기면 꼭 사고 싶었던 최신형 노트북을 살 수 있을 거였다. 용돈을 좀 보태긴 해야겠지만 새 노트북 살 생각을 하니 벌써부터 마음이 두근거렸다.

　그때 도람이가 손을 번쩍 들며 끼어들었다.

　"선생님, 저는 지난주에 SNS에서 대회 소식을 이미 봤어요! 저도 이번에 나갈 거예요."

　"오, 그래? 도람이는 역시 정보가 빠르구나. 자, 그럼 해찬이랑 도람이 말고도 관심 있는 사람은 선생님한테 말해 줘."

　"얘들아! 내가 상금 받으면 피자 쏠게!"

　도람이는 자리에서 벌떡 일어나더니 아이들을 향해 말했다. 그 말에 아이들은 책상을 치며 좋아했다.

　'쳇, 도람이 녀석은 발명할 줄도 모르면서……'

　해찬이는 도람이를 노려보았다. 자기가 하려는 건 뭐든 무작정 따라 하는 심보가 너무 얄미웠다. 해찬이는 도람이 때문에라도 발명 대회에서 상을 꼭 받아 도람이 코를 납작하게 만들어 주겠다고 다짐했다.

공학이란 무엇인가?

**공학의 정의와 필요**

일상 속에서 불편함을 느낀 적이 있어? 땀을 뻘뻘 흘리며 축구를 하고 물을 마셨는데 미지근해서 실망했다든지, 손발이 꽁꽁 얼 정도로 추운 날 버스를 오래 기다려야 했다든지, 양손 가득한 짐 때문에 너무 무거웠다든지 하는 일들 말이야.

공학은 세상의 불편을 발견하고 이를 해결할 기술과 제품을 만드는 학문이야. 예를 들면 꽁꽁 언 아이스크림이 녹지 않게 유지하는 냉장고, 뜨거운 태양 아래서도 물이 미지근해지지 않는 보온병이 바로 공학의 결과야. 따끈따끈 열을 내는 버스 정류장 의자나 도착 예정 시간을 알려 주는 전광판, 무거운 짐을 손쉽게 옮기는 수레나 캐리어도 바로 공학의 결과지.

공학은 영어로 '엔지니어링(engineering)'이라고 해. 'en-'은 활성화한다는 뜻이고 'gen'은 씨앗을 의미하지. 즉 공학이란 싹을 틔우는 것처럼 세상에 없는 것, 또는 원래 있던 것을 더욱 발전시키는 창조적인 일이라고 할 수 있어. 그렇기에 공학의 역할은 문제 해결을 위한 정답 하나만을 제시하는 것에서 끝나지 않아. 좀 더 편리하고 안락

한 삶을 위한 방안들을 고민한 뒤, 가장 창의적이면서 최선의 결과를 낼 수 있는 해결책을 내놓지.

버스 도착 예정 시간을 알려 주는 전광판

물의 온도를 유지하는 보온병

음식을 보관하는 냉장고

**공학의 종류**

공학은 아주 다양한 분야로 나뉘는데 대표적으로는 기계 공학, 토목 공학, 전기 공학, 생명 공학, 컴퓨터 공학, 재료 공학, 화학 공학 등이 있어.

기계 공학은 장난감, 자동차, 세탁기, 우주선 등 움직이는 모든 물체와 시스템을 연구해. 사람들의 삶이 더욱 편리해지도록 기계를 끊임없이 연구하고 개발, 발전시키지. 특히 자동차, 항공 우주, 조선 해양, 로봇, 음향 등의 분야에 밀접하게 연결되어 있어.

토목 공학은 학교나 도서관 같은 공간 시설부터 도로나 철도, 공항 같은 교통 시설 등 온갖 사회 기반 시설을 고민하는 학문이야. 도시, 교통, 건축, 환경 공학 분야에서 활용되고 있어. 활용 분야에서 짐작할 수 있듯이 더욱 안락하고 편리한 공간을 제공하는 게 가장 큰 목표인 분야지. 요즘은 기후 변화나 환경 오염 등 다양한 환경 문제와 연결되는 새로운 기술을 더 깊게 고민하고 있어.

그런가 하면 컴퓨터 공학은 오늘날을 이끄는 대표적인 분야라고 할 수 있어. 컴퓨터나 스마트폰 같은 기계 장치 자체인 하드웨어와 윈도우, 포토샵, 게임, 채팅 애플리케이션 같은 기계 장치 안의 프로그램을 일컫는 소프트웨어 등이 모두 컴퓨터 공학과 관련되어 있지. 사람들의 필요가 끊이질 않아서 다른 어떤 분야보다 빠르게 성장 중이야.

한편 재료 공학은 이름 그대로 금속, 무기, 바이오 등 물건을 만드는 데 사용되는 온갖 재료의 특징과 기능을 연구해. 인간이 도구를 사용하기 시작한 때부터 역사를 함께해 온 공학 분야라고 할 수 있어. 화학 공학은 앞선 재료 공학과 특히 관련이 깊은데, 재료 공학이 발견한 재료를 연구하고 섞어서 여러 가지 물건으로 만드는 분야이기 때문이야.

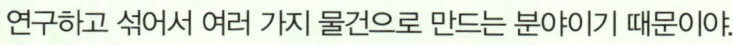

석유로 플라스틱을 만들고 나무의 수액으로 고무를 만드는 게 모두 화학 공학의 일이지.

물론 오늘날의 공학은 워낙 세분화한 데다가 서로 밀접하게 연결되어 있어서 어느 한 분야를 딱 잘라 구분하기 어려워. 그 무엇도 하나의 공학만으로는 이루어지지 않거든. 예를 들면 빌딩은 정보 통신, 토목, 기계 공학 등이 어우러져야 하고, 자동차는 신소재, 전기 전자 공학 등의 분야가 힘을 합쳐야 하지. 그래서 요즘은 기계 공학과 전자 공학을 합친 '메카트로닉스 공학'이나 자동차 공학과 IT 기술이 연결된 '자동차 IT 공학'처럼 둘 이상의 공학을 합친 새로운 분야가 만들어지기도 해.

IT 기술이 결합된 최첨단 자동차

# 결성! 고양이 수사대

이튿날 아침, 해찬이는 평소보다 일찍 집에서 나왔다. 수업 시작하기 전에 도서실에 들러서 공학이나 발명과 관련 있는 책을 빌릴 참이었다.

"학교 가니?"

아파트 정문을 나서는데 언제나처럼 분홍 가방을 든 옆집 할머니가 단지 안으로 들어오다가 해찬이에게 말을 걸었다. 옆집 할머니는 해찬이를 볼 때마다 가슴을 펴라는 둥, 씩씩하게 걸으라는 둥 잔소리를 하곤 했다.

"아, 안녕하……."

해찬이는 괜히 주눅이 들어 기어들어 가는 목소리로 인사를 했다.

"이 녀석아, 아침부터 목소리 꼴이 그게 뭐야? 더 씩씩하게 인사를 해야지!"

해찬이가 우물쭈물 인사를 건네자 할머니는 다그치듯 말했다. 그러더니 혀를 끌끌 차고는 해찬이 가방을 흘끗 바라보았다.

"이번엔 또 뭘 만든 거냐?"

해찬이의 만능 가방에서 거꾸로 가는 시계가 삐져나와 있었다. 해찬이는 할머니가 또 잔소리를 시작하려나 보다 싶어 가방을 뒤로 숨겼다.

"거꾸로 가는 시계구나. 그 시계처럼 시간이 정말 거꾸로 가면 좋으련만."

해찬이 생각과 다르게 할머니 목소리는 웬일로 다정했다.

"세상에 존재하지 않는 새로운 물건을 만들려는 건 좋은 자세야. 만들면서 즐거운 것도 중요하지만 이제는 사람들이 네가 만든 걸 필요로 할지도 잘 생각해 보렴."

할머니는 알쏭달쏭한 말을 남기고 아파트 안으로 쏙 들어갔다. 하지만 그 말뜻을 더 깊이 생각할 겨를은 없었다.

'할머니한테 괜히 시간만 뺏겼네.'

해찬이는 몸을 돌려 부지런히 학교로 향했다. 그런데 빠르게 걷는 해찬이를 붙잡는 무언가가 또 나타났다.

학교로 가는 길목 한편에 몇몇 아이들이 모여 웅성거리고 있었다. 해찬이는 무슨 일인가 싶어 아이들이 몰려 있는 곳으로 달려갔다.

"너무 불쌍해."

"대체 누가 그런 걸까?"

아이들은 화단 안쪽에 누워 있는 고양이를 보고 한마디씩 했다. 고양이는 이미 죽은 건지 꼼짝도 하지 않았다.

"얼마 전에도 우리 아파트 뒤에서 죽은 고양이를 봤다는 이야기를 들었어."

"그래? 우리 엄마도 동네에 돌아다니던 고양이들이 안 보인다고 하시더라. 설마 그 고양이들도……. 아니겠지?"

고양이를 에워싼 아이들은 자신이 보고 들은 길고양이들 소식을 주고받았다.

'고양이들에게 무슨 일이 있는 걸까?'

해찬이는 아이들이 다 흩어진 뒤에도 한참 동안 죽은 고양이를 바라보다가 학교로 향했다.

학교에 도착해서 자리에 앉자, 해찬이 짝꿍 수호도 고양이 이야기를 꺼냈다.

"그 얘기 들었어? 요즘 누군가 마을에 있는 고양이를 죽이고 있대. 쥐약을 놓는다고 그랬나……."

"설마……."

"정말이라니까. 그러니 요즘 마을에서 죽은 고양이가 자주 보이는 거지."

해찬이가 믿지 않으니 수호는 눈까지 동그랗게 뜨고 이야기했다.

정말 수호 말처럼 누군가가 일부러 고양이를 죽이고 있는 걸까? 하지만 대체 왜 그런 짓을 하는 거지? 해찬이는 이해할 수 없었다.

그때 수업 종이 울리고 교실로 선생님이 들어왔다. 웅성대던 아이들이 모두 숨을 죽였다.

"전학생인가 봐."

선생님 뒤로 여자아이가 따라 들어오자 조용해졌던 아이들이 다시 수군거리기 시작했다. 여자아이는 다쳤는지 한쪽 다리를 살짝 절뚝거렸다.

"자, 조용. 우리 반에 새로 전학 온 친구가 있어요. 이름은……. 아, 직접 소개해 볼까?"

"네. 선생님."

여자아이는 선생님 말을 듣고 앞으로 한 발짝 나섰다. 발걸음을 떼자 몸이 다시 기우뚱거렸다. 그 모습을 지켜보고 있던 아이 몇 명이 수군거렸다. 그러자 선생님은 조용히 하라며 낮은 목소리로 말했다.

"만나서 반가워. 내 이름은 박유나라고 해. 얼마 전에 푸른 마을로 이사 왔고. 보다시피 다리가 좀 불편해. 그래도 걷는 데에는 문제없어. 앞으로 친하게 지내자."

유나는 밝은 목소리로 반 친구들에게 말했다. 인사를 하고 살짝 웃으니 볼에 보조개가 쏙 들어갔다.

유나가 인사를 마치자 반 아이들이 모두 박수를 쳤다. 그중에서도 특히 도람이의 박수와 함성이 제일 컸다. 도람이는 행복한 표정을 지으며 넋을 빼고 유나를 바라봤다.

'헐. 저 녀석 표정 좀 봐. 왜 저래?'

해찬이는 도람이를 바라보며 고개를 절레절레 흔들었다.

점심시간이 되자 아이들은 우르르 운동장으로 몰려 나갔다. 몇몇 아이들은 축구를 한다며 공을 챙겼다.

"해찬! 축구 안 해?"

"너희끼리 해. 난 당분간 발명 대회 준비할 거야."

평소 축구라면 자다가도 벌떡 일어나는 해찬이지만 오늘은 도서실로 향했다.

해찬이는 책꽂이에서 책 몇 권을 골라 빼냈다. 그중에서 표지에 고대 로마의 멋진 건축물 사진이 있는 책을 펼쳤다. 책장을 넘기니 세계의 여러 건축물 소개는 물론, 옛날에 쓰던 건축 도구부터 오늘날의 최신형 도구까지 건축에 대한 다양한 이야기가 담겨 있었다.

책을 더 자세히 보려고 자리에 앉은 지 얼마 되지 않을 때였다. 누군가 해찬이 앞에 앉았다. 오늘 전학 온 유나였다.

"책 보는데 방해해서 미안."

유나가 조심스러운 얼굴로 해찬이에게 말했다.

해찬이는 보고 있던 책을 덮으며 물었다.

"무슨 일인데?"

"혹시 우리 집 고양이 좀 찾아 줄 수 있을까?"
"고양이? 고양이가 왜?"
"엊그제 이사 오던 날에 고양이를 잃어버렸거든. 까뮈라고 까만색 털을 가진 고양이야."

아까 친구들 앞에서 당당하게 자기소개를 할 때와는 다르게 영 기운이 없는 목소리였다. 이야기를 들어 보니 그럴 만도 했다. 고양이를 찾으려고 이틀 동안 온 마을을 돌아다녔는데도 못 찾았다니 말이다.

"사정은 안 됐지만 난 발명 대회 준비 때문에 안 될……."
"요즘 길거리에 죽은 고양이가 자주 보이고 사라진 고양이도 있다던데 우리 고양이도 누군가한테 잡혀간 거면 어떻게 해……."

유나의 말에 해찬이는 문득 아침에 본 고양이가 떠올랐다. 혹시 그 고양이가 까뮈 아니었을까 싶었지만 다시 생각해 보니 아침에 본 고양이는 털이 갈색이었다.

"애들이 하는 얘기 들었어. 네가 무엇이든 다 해결해 주는 만능 해결사라며? 우리 까뮈도 좀 찾아 줘. 부탁이야. 찾아 주면 보상금도 줄게."

"보상금?"

보상금이라는 말을 들은 해찬이의 눈빛이 반짝였다.

사실 썩 자신이 있는 건 아니었다. 세탁기 뒤에 빠져 있던 양말 한 짝과 냉장고 안쪽 구석에 처박혀 있던 리모컨, 운전석 바닥에 굴러 들어간 아빠의 블루투스 이어폰이라면 몰라도 살아 있는 동물을 찾아본 적은 없었기 때문이다.

'발명 대회 상금만으론 부족해. 까뮈를 찾아서 보상금을 받으면 노트북 사는 데 보탬이 되겠지?'

고민을 끝낸 해찬이는 흔쾌히 고개를 끄덕였다. 최신형 노트북 생각을 하니 얼굴에 절로 미소가 떠올랐다.

"고양이를 찾는다고? 시간 많냐? 발명 대회 준비는 안 해도 되나 보지?"

언제부터 엿듣고 있었던 건지 도람이가 책꽂이 뒤에서 불쑥 나타나 끼어들었다.

"네가 여기는 어쩐 일이냐? 학교 도서실이 어디 붙어 있는지 관심도 없던 녀석이. 설마 여기까지 시비 걸러 쫓아왔어?"

"책 빌리러 왔다!"

"책은 무슨. 책은 베개로만 쓰는 녀석이?"

"뭐가 어째? 나도 발명 대회 준비 때문에 자료 좀 찾아보려고 온 거거든!"

해찬이와 도람이는 서로를 노려보며 이를 박박 갈았다. 금세라도 한판 싸움을 벌일 기세였다.

유나가 안절부절못하며 둘을 바라보다가 나섰다.

"얘들아, 여기 도서관이야. 좀 진정해."

유나의 말에 해찬이와 도람이는 그제야 눈을 휙 돌렸다.

"너 내가 하는 것마다 다 따라 하려고 그러는 거지? 네가 아무리 그래도 이번 발명 대회 우승은 내가 할 거야."

해찬이는 도람이를 쏘아보며 말했다.

"쳇, 무슨 소리야. 발명 대회에 나가려면 기본 지식이 있어야지. 난 앞으로 점심시간마다 도서실에 올 거야. 그리고 내가 왜 널 따라 하냐? 네가 날 따라 하면 몰라도."

'얄미운 녀석. 두고 보자.'

도람이 말에 해찬이의 의욕이 또다시 불타올랐다. 하지만 발명 대회까지는 아직 시간이 남았으니 천천히 준비하기로 했다. 일단 급한 건 유나의 고양이를 찾아 주는 일이었다.

다음 날, 학교 수업이 끝나고 해찬이와 유나는 등나무 벤치에서 만났다. 당장 오늘부터 까뮈를 찾으러 다닐 계획이었다.

"내가 인터넷에서 알아봤는데 집에서 기르는 고양이는 활동 영역이 넓지 않대. 게다가 잃어버린 지 얼마 안 됐으면 근처에서 발견할 가능성이 크대. 어쩌면 동네에 까뮈를 본 사람이 있을지도 몰라. 그러니까 우선 전단을 붙여 보는 게 어때?"

해찬이는 그렇게 말하며 만능 가방을 뒤적거렸다. 하지만 가방에 너무 많은 물건이 들어 있어서 한 번에 찾기가 힘들었다.

"오, 이런."

전단 대신에 어제 만든 거꾸로 가는 시계가 딸려 나왔다.

"와, 이거 시간이 거꾸로 가잖아?"

유나가 신기한 듯 시계를 보았다. 해찬이는 별거 아니라는 듯 시계를 다시 가방에 넣고 전단을 찾았다.

마침내 가방에서 꾸깃꾸깃한 전단 몇 장을 꺼냈다. 어젯밤 유나가 보내 준 까뮈 사진이 들어간 전단이었다.

"네가 직접 만든 거야? 눈에 띄게 잘 만들었다. 너는 디자인도 잘하나 봐."

컴퓨터가 느려서 만드는 데 오래 걸리고 고생도 했다. 하지만 유나의 칭찬을 받으니 기분이 좋아졌다.

해찬이와 유나는 학교 근처는 물론, 공원과 놀이터 등 사람들이 많이 모이는 곳에 전단을 붙이기 시작했다. 마을을 도는 동안 유나는 다리가 아픈지 중간중간 멈춰 섰지만 내색하지 않고 묵묵하게 전단을 붙였다.

부지런히 움직이니 금세 끝이 보였다. 마지막 한 장까지 다 붙인 두 사람은 편의점 앞에 앉아 음료수를 벌컥벌컥 마셨다. 이마에 맺힌 땀을 식혀 주는 바람이 불어왔다.

그때였다.

"저 사람 뭐 하는 거야?"

갑자기 유나가 소리를 지르며 옆을 가리켰다.

해찬이는 유나가 가리킨 곳을 바라봤다. 깊게 모자를 눌러쓴 누군가가 두 사람이 붙였던 전단을 손에 들고 있었다.

"전단을 떼고 있는 거 같은데?"

"뭐? 남의 걸 왜 멋대로 만지는 거야? 정말 어이없네."

해찬이와 유나는 모자 쓴 사람이 있는 곳으로 당장 달려갔다.

"지금 뭐 하는 짓이에요!"

날카로운 유나의 말에 그 사람이 뒤를 돌아봤다. 그런데 놀랍게도 바로 도람이었다.

"최도람? 너 여기서 뭐 하는 거야?"

놀란 건 도람이도 마찬가지였는지 아이들보다 큰 키와 덩치가 순식간에 쪼그라들었다.

"그, 그게……."

"이제 하다 하다……. 너, 솔직히 얘기해. 우리가 고양이 찾는 거 방해하려는 거지?"

"바, 방해는 무슨! 나도 도와주려는 거야!"

해찬이가 따져 묻자 도람이는 되려 큰 소리로 대답했다.

"거짓말 마! 도와주려는 사람이 전단은 왜 떼는데?"

유나가 도람이가 든 전단을 보며 의심스럽게 물었다.

"떼긴 누가 뗐다고 그래! 얼마나 대충 붙였는지 저 밑 공원이

랑 길거리에도 죄다 떨어져 굴러다니길래 내가 주워서 다시 붙이는 중이었다고! 자, 봐! 여기 테이프."

도람이는 그렇게 말하며 주머니에서 테이프를 꺼내 보였다. 떨어진 전단을 다시 붙였다는 말은 정말인 것 같았다.

"그럼 진작에 같이 다니자고 했으면 되잖아. 왜 몰래 졸졸 따라온 거야?"

"그, 그건……."

도람이는 머리만 긁적이며 말을 잇지 못했다. 심지어 얼굴까지 빨개졌다.

"너 설마 유나를……."

그러고 보니 도람이가 유나만 보면 입을 헤 벌리고 웃던 기억이 났다. 게다가 그때마다 얼굴도 빨개져 있었다.

해찬이는 도람이가 유나를 좋아해서 쫓아온 것 같다는 확신이 들었다.

"아, 아니! 그런 거 아니거든?"

해찬이가 도람이와 유나를 번갈아 보며 씩 웃자 도람이는 귀까지 빨개져서는 더욱 큰 목소리를 냈다. 해찬이는 당황해하는 도람이 표정이 재미있었다.

"어쨌든 까뮈를 함께 찾아 주겠다니 고마워."

어색한 상황을 유나가 마무리했다. 도람이도 기다렸다는 듯 유나 말이 끝나기 무섭게 헛기침을 하며 말을 돌렸다.

"그나저나 전단이나 붙여서 언제 까뮈를 찾을 거야? 이런 건 최대한 많은 사람에게 알려야지."

도람이는 어울리지 않게 진지한 표정을 지으며 말했다.

"그러견 뭐, 니가 동네방네 방송이라도 할 생각이냐?"

해찬이가 여전히 뾰족한 말투로 대답했지만 도람이는 신경도 쓰지 않았다.

"너희도 들었지? 동네 고양이들이 사라지고 있다는 거."

도람이가 몸을 굽히고 목소리를 낮추며 말했다. 덩달아 해찬이와 유나도 도람이 곁으로 한 발짝 더 가까이 다가갔다.

"SNS만큼 소문이 빠른 곳이 없잖아. 게다가 이 도람님의 팔로워는 무려 307명이라고. 안 그래도 어제 고양이를 찾는다고 글을 올려 봤거든."

"그래서 단서가 있었어?"

"아직은 아닌데 기다리면 더 많은 사람한테 글이 퍼질 테니까 단서도 금방 나올 거야."

도람이는 자신이 생각해도 뿌듯한지 어깨를 쫙 폈다.

매사 억지나 부리며 트집 잡고 시비를 걸던 도람이가 오늘은 웬일로 해찬이에게 협조적이었다.

'뻔하지 뭐. 유나한테 잘 보이고 싶은 거 아니겠어?'

그래도 도람이 말이 아주 일리가 없지는 않았다. 어쨌든 급한 건 까뮈를 찾는 일이었다. 해찬이는 못마땅한 마음을 애써 꾹 눌렀다.

"우리 꼭 수사대 같다."

그때 유나가 흥분한 목소리로 말했다.

"우리 '고양이 수사대' 만들자!"

"고양이 수사대?"

"응. 그러면 까뮈를 더 빨리 찾을 수 있을 거 같은데."

유나의 제안에 해찬이가 잠시 머뭇거렸다. 하지만 도람이는 기회를 놓치지 않고 잽싸게 대답했다.

"난 찬성!"

유나와 도람이가 해찬이를 바라보았다.

"그, 그래. 나도 찬성."

도람이가 낀 게 영 마음에 들지 않았지만 힘을 합치면 더 빨리 찾을 수 있을지도 모른다. 해찬이도 마지못해 수락했다.

"그러면 명심해. 이제 우리는 같이 움직이고 무슨 정보든 공유하는 거야, 알겠지?"

"아, 혹시 그사이에 댓글 달린 거 없어?"

해찬이의 말에 유나가 도람이에게 물었다. 도람이는 스마트폰을 꺼냈다. 때마침 댓글이 달렸다는 알림이 왔다.

도람이는 마지막 댓글을 아이들에게 읽어 주었다.

"잘 됐다! 쌍봉산 쪽으로 가자."

"쌍봉산이 어디에 있어?"

전학 온 지 얼마 되지 않은 유나는 아직 마을 지리를 잘 몰랐다. 유나의 질문에 도람이가 기다렸다는 듯 스마트폰을 켜서 쌍봉산에 대해 검색했다.

"쌍봉산은 경기도 푸른시 푸른 마을 북쪽에 있는 산으로 높이 184미터의……."

"그러면 일단 북쪽으로 가면 되겠네. 날 따라와."

해찬이는 도람이 말을 자르며 가방에서 나침반을 꺼냈다.

"너, 설마 나침반으로 방향을 찾으려는 건 아니겠지?"

"방향을 알려면 당연히 나침반을 써야지."

"푸하하! 누가 요즘 나침반을 써?"

도람이가 스마트 워치에 대고 "쌍봉산으로 가는 길을 알려 줘."라고 말했다. 그러자 시계 화면에 지도가 떴다.

"옛날에는 나침반으로 길도 찾고 땅도 발견하고 그랬어. 그리고 누군 뭐, 스마트폰 없어서 안 쓰는 줄 알아?"

해찬이가 입을 뾰족하게 내밀었다. 말은 그렇게 했지만 사실 해찬이는 데이터가 모자라서 밖에서는 인터넷 검색을 거의 못 했다. 하지만 도람이는 스마트폰도 최신형이면서 데이터까지 자유롭게 쓸 수 있는 모양이었다.

유나가 다시 으르렁거리기 시작한 둘 사이에 끼어들었다.

"그만 싸우고 가자. 지도랑 나침반 둘 다 있으면 더 좋지, 뭐."

그렇게 세 아이는 쌍봉산으로 걸음을 재촉했다.

# 공학 발전의 역사

## 고대의 공학

먼 옛날, 인류가 등장하고 불을 발견했어. 불을 다루기 시작한 사람들은 밤에도 불을 밝혀 사냥했고, 날것을 익혀 더 맛있고 안전한 음식을 먹게 됐어. 또한 불로 구리와 주석, 철 같은 새로운 금속을 발견해서 도구를 더욱 단단하게 만들었지.

튼튼한 도구 덕분에 농경과 축산이 발전했어. 사람들이 한곳에 모이기 시작하면서 나일강(이집트), 티그리스강과 유프라테스강(지금의 이라크 부근), 인더스강(인도), 황허강(중국) 유역에서 문명이 발생했지. 강 주변은 넘치는 물 덕분에 땅이 비옥했고 강에서 물고기, 조개 같은 수산물을 구하기도 쉬웠어. 또 강을 따라 사람과 물건이 이동하기도 편했단다.

하지만 사람이 모이고 도시가 커지면 그만큼 문제도 많아지는 법! 날이 가물면 농사지을 물을 끌어와야 했고, 강이 넘치지 않도록 비가 오는 때와 양을 예측해야 했어. 그래서 천문학, 수학 등이 연관된 공학 분야부터 발달하기 시작했어.

자연재해를 예방해 먹고 사는 문제를 해결한 사람들은 관심 분

야를 점점 넓혔어. 더 편리한 삶을 위해 각종 설비를 마련하고 건축물을 세워 도시를 정비했지. 그중에서도 로마는 무려 2000년간 명성이 이어질 만큼 특히 눈부신 공학 기술을 자랑했어. 아치를 활용해 무거운 돌을 거뜬히 받쳐 나는 건축 기술, 먼 곳에서 도심 한가운데까지 물을 끌어오는 토목 기술 등이 다양한 건축물에서 빛을 발했지. 유네스코 세계 문화유산으로 유명한 '콜로세움'과 '카라칼라 욕장' 등도 이 시기에 지어졌어.

콜로세움

**중세의 공학**
황허 문명이 발생한 중국에서는 세계 역사에 아주 큰 영향을 끼친 네 가지 발명품이 나타났어. 바로 종이, 화약, 나침반, 인쇄술이야.

종이는 '채륜'이라는 중국의 환관이 만들었어. 원래는 물건을 포장할 때나 사용했는데 글을 쓸 수 있게 개량한 거야. 가볍고 저렴한 종이가 만들어지면서 기록과 보관이 훨씬 쉬워졌지.

한편 자성을 가진 광물로 방향을 가늠하는 지남침, 치료나 불 피우기 등에 사용했던 화약은 실크로드를 따라 유럽으로 퍼졌어. 지남침은 나침반으로 발전해 대항해 시대를 열었고, 화약은 총과 대포 같은 화기에 쓰여 칼을 쓰던 기사 계급과 그 시기의 봉건 제도를 무너뜨렸단다.

비슷한 시기 유럽에서는 구텐베르크가 '활자'를 발명했어. 사실 유럽에는 중국에서 전해진 목판 인쇄술이 일찌감치 퍼져 있었지만 활용도가 높지는 않았다고 해. 그러다 원하는 대로 낱자를 모아 찍는 활판 인쇄술이 발명됐고, 이전보다 빠르고 저렴하게 책을 만들어 낼 수 있게 됐지. 글자가 틀리면 고치기도 쉬웠고 말이야. 그 덕분에 많은 사람이 책을 접하게 됐고, 나아가 종교 개혁에도 큰 영향을 끼쳤어.

**근대의 공학**
근대의 중심에도 당연히 공학이 있었어. 코페르니쿠스의 지동설(태양을 중심으로 지구가 돌고 있다는 이론으로, 지구를 중심에 두고 우주가 회전한다는 '천동설'에 반대되는 이론)이 힘을 얻고, 뉴턴이 만유인력의 법칙을 발견했으며, 레오나르도 다빈치가 수많은 건축물과 예술품, 발명

증기 기관

품을 만들어 낸 르네상스 시기를 지났지. 그러면서 사람들은 자연에서 벌어지는 일을 객관적으로 판단하기 시작했고 발명과 기술 발전을 중요시하게 됐어. 그리고 18세기, '산업 혁명'이라는 큰 변화를 맞이했단다. 산업 혁명을 이끈 건 바로 증기 기관이야. 물이 끓을 때 생기는 수증기로 기계를 움직이는 장치인데, 영국인 '제임스 와트'가 원래 있던 증기 기관을 개량한 거야. 와트의 증기 기관은 강력한 힘을 무한정 제공하며 물건의 대량 생산을 가능케 했어. 이때의 증기 기관은 자동차, 배, 기차, 비행기 같은 교통수단을 움직이는 모터나 내연 기관의 밑바탕이 되어 오늘날까지도 널리 사용되고 있어.

# 비닐하우스의 수상한 그림자

"우리 제대로 가고 있는 거 맞지?"

해찬이와 유나, 그리고 도람이는 지도를 따라 한참을 걸었다. 아파트 단지와 상가를 지나 작은 공원에 닿았다. 그러자 공원 너머로 빼꼼 산이 나타났다.

푸른시는 도심과 도심 사이에 낀 작은 주거 지역이다. 북쪽으로는 봉우리가 두 개인 쌍봉산이 병풍처럼 마을을 둘러싸고 있고, 산 아래 흐르는 쌍봉천은 도시를 한 바퀴 휘돌아 한강으로 빠져나갔다.

그 덕분인지 푸른시는 땅이 기름지고 물이 풍부해 오래전부터 농사를 지으며 대를 이어 사는 사람들이 많은 고장이었다. 또 높은 빌딩이 숲을 이룬 옆 도시들과는 다르게, 오래되고 낮은 집들과 넓게 펼쳐진 논밭, 유서 깊은 유적도 곳곳에 여럿 있었다.

"저기 보이는 게 쌍봉산이야?"

"맞는 것 같아. 산으로 가려면 이 하천을 건너야 하는데……."

"저 다리로 건너면 될 것 같아."

도람이가 스마트폰을 보며 대답하자 유나가 멀지 않은 곳에 있는 다리를 가리키며 말했다.

아이들은 다리로 향했다. 하천을 가로지르는 다리는 사람은

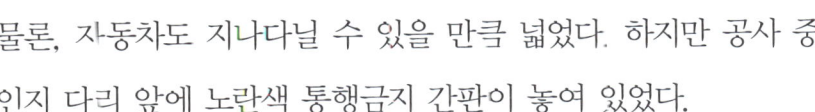

 물론, 자동차도 지나다닐 수 있을 만큼 넓었다. 하지만 공사 중인지 다리 앞에 노란색 통행금지 간판이 놓여 있었다.
 "저쪽에 다른 다리가 있기는 한데……. 걸어가기에는 너무 멀 것 같아."
 "어? 얘들아 저길 봐. 저기 돌다리가 있어."
 그때 하찬이가 작은 돌다리를 발견했다. 돌다리는 납작하고 네모난 돌 여러 개를 이어 만들었는데 위로 볼록한 아치형이었다.
 해찬이와 아이들은 돌다리 쪽으로 갔다.
 "쌍봉석교?"

도람이는 돌다리 앞에 놓인 팻말을 읽은 뒤 스마트폰으로 다리에 대해 검색했다.

"오, 얘들아! 이거 조선 시대에 만든 거래."

"조선 시대 다리인데 지금까지 남아 있는 거야?"

'옛날에는 돌을 들 만한 장비도 마땅치 않았을 텐데 무슨 수로 이렇게 무거운 걸 옮겼을까?'

해찬이는 돌다리 위에 쪼그리고 앉아 가만히 돌을 만져 보았다. 도람이와 유나도 발을 쿵쿵 구르거나 다리 아래를 살피는 등 다리에 관심을 보였다.

그렇게 아이들은 까뮈를 찾고 있던 것도 잊은 채 돌다리 위에서 한참을 놀다가 정신을 차리고 다리를 건넜다.

다리를 건너니 좁은 도로가 나왔다. 오가는 사람은 거의 없었고 가끔 차 몇 대만 지나다녔다.

해찬이가 가장 앞서서 걸어갔다. 그 뒤를 유나가, 끝은 도람이가 따라왔다. 도람이는 SNS에 다른 댓글이 달리지 않았는지 연신 확인하며 걸었다.

몇 분쯤 더 걸었을 때, 해찬이 눈에 죽은 고양이가 들어왔다. 해찬이는 흠칫 놀라 걸음을 멈추고 아이들을 불렀다.

"얘들아, 여기 고양이가 죽어 있어!"

고양이라는 말에 어느새 도람이보다 뒤처졌던 유나가 한걸음에 달려왔다. 혹시 까뮈가 아닐까 하는 걱정이 얼굴에 고스란히 드러나 있었다. 하지만 다행히 그 고양이도 까뮈는 아니었다.

"차에 치였나 봐."

마을에서 발견된 고양이들과는 상황이 좀 달라 보였다. 바닥에 피가 묻어 있는 걸 보니 아마 로드킬을 당한 듯했다.

죽은 고양이를 보는 아이들의 표정이 어두워졌다.

"너, 나한테 물었지?"

"응? 뭘?"

죽은 고양이를 뒤로 하고 다시 쌍봉산으로 걷고 있을 때, 유나가 불쑥 말을 꺼냈다.

"내 다리 말이야. 어쩌다가 이렇게 됐냐고."

아까 까뮈를 찾는 전단을 붙일 때 해찬이가 조심스레 한 질문이었다. 유나의 말에 도람이도 귀를 쫑긋 세우는 게 느껴졌다.

"교통사고였어. 가족 여행을 갔다가 집에 오는 길이었는데 사고가 났어."

유나는 담담하게 말을 이었다. 어두워진 밤, 집으로 오는 한적한 도로에 고양이가 있었고 유나 아빠는 고양이를 피하려다가 그만 가로수를 들이받았다고 했다.

"재활 훈련도 열심히 했고 지금은 익숙해져서 안 불편해. 그렇지만 가끔은 나도 고양이처럼 폴짝 뛰고 싶더라고. 달리기도 하고 높은 곳도 가볍게 올라갈 수 있다면 좋겠어."

"유나야……."

"이제 정말 괜찮다니까? 그리고 고양이랑 다른 가족들이 무사하니까."

유나는 그렇게 말하며 활짝 웃었지만 어쩐지 눈이 촉촉했다. 해찬이와 도람이는 애써 밝게 웃는 유나를 안타까운 얼굴로 바라보았다.

"자, 내 얘기는 그만! 얼른 우리 까뮈 찾아야지. 그만 가자!"

유나가 다시 씩씩하게 몸을 돌려 걷기 시작했다. 해찬이와 도람이는 슬쩍 눈빛을 마주치고는 말없이 그 뒤를 따랐다.

한참을 걷다 보니 어느덧 쌍봉산이 눈앞에 다가왔다. 멀리서 볼 때는 낮은 줄 알았는데 가까이서 보니 꽤 높았고, 산자락에는 집 몇 채가 옹기종기 모여 있었다. 집들 사이로는 비닐하우스가 꽤 여러 개 있는데, 대부분 검은색이어서 안이 좀체 보이지 않았다.

"와, 비닐하우스가 한두 개가 아닌데?"

"이 많은 비닐하우스 중에 대체 어디서 소리가 났다는 거야?"

도람이의 중얼거림을 해찬이가 투덜거리며 받았다.

아이들은 시무룩한 얼굴로 마을 입구에 서서 비닐하우스가 늘어선 풍경을 한참이나 바라보았다.

그때였다.

"우리 푸른 마을은 최첨단 미래 도시로 거듭나야 합니다. 훌륭한 유적지를 보호하는 일도 중요하지만 최첨단 시설이 있어야 여러분의 삶이 더욱 편안해질 겁니다! 무엇보다 마을에 있는 지저분한 것들을 없애 깨끗하게 만들어야 합니다. 이번에도 저를 믿어 주시면 푸른 마을을 더욱 번쩍거리게 만들겠습니다. 우리 마을을 위해 다시 한번 저, '김일장'을 뽑아 주십시오!"

"이게 무슨 소리야?"

"안내 못 봤어? 곧 있으면 이장 선거잖아. 지금 선거 운동하고 있는 것 같아."

수군거리는 아이들 곁으로 현수막들이 어지럽게 걸리고 요란하게 음악이 흘러나오는 선거 트럭이 다가왔다. 짐칸에 탄 양복 차림의 아저씨가 방금 자기를 뽑아 달라며 소리친 이장인 듯했다.

"낡고 오래된 것들을 바꿔야 합니다! 냄새나고 더러운 것은 없어야 합니다! 마을을 지저분하게 하는 것도 모두 사라져야 합니다! 깨끗한 마을을 위해 저, 김일장이 나서겠습니다!"

이장의 목소리가 확성기를 타고 쩌렁쩌렁 울려 퍼졌다. 그 소리를 들은 사람들이 하나둘 모여들었다. 사람들을 본 이장은 한쪽에 트럭을 세우고 더욱 크게 목소리를 높였다.

"자, 여기 보십시오. 거리에 버려진 쓰레기가 어마어마하지요?

이때 저가 개발한 최신식 청소기만 있으면⋯⋯. 아, 이건 집에서 쓰는 청소기가 아니라 거리용 청소기입니다, 여러분!"

이장은 그렇게 말하며 검은 천에 덮인 뭔가를 가리켰다. 그러고는 천을 휙 벗겨 냈다. 그러자 은색 로봇이 모습을 드러냈다.

'로봇 청소기인가?'

로봇은 커다란 직사각형 몸통 양옆으로 팔이, 몸통 아래에는 바퀴 하나가 다리처럼 달려 있었다. 높이는 이장의 키를 훌쩍 넘었고 옆 둘레도 제법 컸다. 동네 쓰레기를 주워 담기엔 충분한 크기로 보였다.

하지만 어쩐지 해찬이는 로봇이 좀 무섭게 느껴졌다. 친근하고 귀엽게 생긴 온갖 로봇이 나오는 요즘 세상에 박물관에서나 볼 법한 촌스럽고 투박한 로봇이라니. 아무리 옛날 감성이 유행이라지만 양철이 주는 싸늘한 느낌은 오싹하기까지 했다.

이장이 전원 버튼을 누르자 기계가 요란한 소리를 내며 작동하기 시작했다.

"이 녀석이 바닥에 떨어져 있는 쓰레기를 감쪽같이 청소할 겁니다. 사람들이 가기 힘든 풀숲, 강가, 비탈길이나 구석에 있는 쓰레기도 문제없지요. 여러분, 이제 마을 청소는 저에게 맡겨 주십시오!"

정말이었다. 이장 말대로 청소기가 지나가자 쓰레기로 지저분했던 거리가 깨끗해졌다. 지켜보던 모두가 신기한지 눈을 떼지 못했다.

사실 아이들도 쌍봉산까지 오는 길에 쓰레기를 많이 봤다. 하천을 따라 떠내려온 쓰레기에, 사람들이 아무렇게나 버린 쓰레기까지 여기저기 널려 있었다. 그 많은 쓰레기를 사람 손으로 일일이 주우려면 시간과 품이 많이 들 일이었다.

연설을 마친 이장은 사람들의 반응에 만족했는지 미소를 지었다. 씩 웃는 이장의 어금니에서 금니가 번쩍하고 빛났다.

"참 똘똘하게 생긴 친구들이구나. 너희 부모님은 어디 계시니?"

사람들이 모두 흩어지고 해찬이, 유나, 도람이만 남자 이장이 아이들에게 다가와 말을 걸었다.

"와, 아저씨. 이거 되게 신기하네요! 어떻게 만드신 거예요?"

하지만 관심이 온통 새로운 기계로 쏠린 해찬이에게는 이장의 질문이 들리지 않았다. 그건 이장도 마찬가지였다.

"그건 중요한 게 아니야. 자, 애들아, 너희 부모님께도 말씀드려라. 이 김일장 후보를 꼭 뽑아 달라고 말이야. 그래야 우리 마을이 더 살기 좋은 마을로 바뀔 테니까."

이장은 해찬이 물음에는 대답하지도 않고 자기 이름만 다시 알린 뒤 휙 돌아섰다.

"아, 참! 아저씨!"

할 말을 마치고 돌아서는 이장을 유나가 불러 세웠다.

"혹시 이 마을에 고양이를 잡아가는 사람이 있다는 얘기를 들은 적 없으세요? 아니면 고양이를 싫어하거나……."

"고양이?"

이장은 눈을 동그랗게 뜨고 되물었다. 이장이 관심을 보이자 옆에 있던 해찬이도 반짝반짝 눈을 빛내며 말을 이었다.

"네, 요즘 길에 고양이가 많이 죽어 있기도 하고, 사라진 고양이도 있다고 들었어요. 아저씨는 동네 여기저기 돌아다니셨을 테니 혹시 고양이를 괴롭히는 사람에 대해 아는 게 없으신가 해서요."

게다가 현재 이장이기도 하니 마을 일이라면 소문이든 뭐든 분명히 아는 게 있을 거였다.

아이들은 이장의 입을 바라보며 침을 꼴깍 삼켰다. 이장은 몸을 낮추고는 아이들에게 속삭였다.

"그게 누군지는 모르겠는데 들은 건 있어. 저기 큰 나무 보이지? 그 옆에 있는 비닐하우스가 몇 달 전에 새로 생겼는데 아무래도 수상해. 안에서 고양이 울음소리를 몇 번 들었거든."

이장의 말을 듣고 아이들은 이곳에 오길 잘했다고 생각했다. 그도 그럴 것이 때마침 도람이 SNS에 달린 댓글이 검정 비닐하우스 사진과 그곳에서 고양이 울음소리가 난다는 제보였기 때문이다. 이장의 말을 증명하는 증거까지 나타난 셈이었다.

해찬이와 유나, 그리고 도람이는 이장에게 꾸벅 인사를 한 뒤 몸을 돌렸다. 아이들이 비닐하우스로 발길을 옮기자 이장이 아이들을 다시 불렀다.

"비닐하우스 안에 뭐가 있을지 모르니까 조심해라."

그렇게 말하고 이장은 씩 웃었다. 금니가 다시 번쩍 빛났.

아이들은 이장이 일러 준 큰 나무 아래까지 한걸음에 달려갔다. 발소리에 놀란 새들이 나뭇가지에 앉아 있다가 푸드덕거리며 날아올랐다.

"여기 맞지?"

"응. 사진하고 똑같아."

겉에서 본 비닐하우스는 꽤 낡은 상태였다. 생긴 지 얼마 안 됐다고 했는데 몇 년째 이 자리를 지키고 있던 것처럼 오래돼 보였다. 길이는 운동장 반만 하고 비닐하우스 주위로는 어른 키만 한 울타리가 빙 둘러쳐 있었다.

'주변의 다른 비닐하우스보다도 훨씬 크네. 안에서 대체 뭘 하길래 이렇게 큰 비닐하우스를 만든 거지?'

아무리 생각해도 수상한 곳이었다.

"이렇게 큰 비닐하우스에 창문이 고작 하나뿐이네."

유나가 주변을 훑어보며 말했다. 그나마 있는 창문도 굳게 닫혀서 안이 보이지 않았다. 드나드는 문도 앞쪽에 하나밖에 없었는데 울타리 때문에 잘 보이지도 않을 뿐더러 역시나 굳게 닫혀 있었다.

닫힌 문을 보고 한참을 고민하던 해찬이가 만능 가방에서 무엇인가를 꺼냈다. 해준이의 장난감 자동차였다. 그걸 본 도람이가 저도 모르게 웃음을 터뜨렸다가 해찬이와 유나의 따가운 눈총을 받고는 입을 틀어막았다.

"쉿! 누가 들으면 어쩌려고 그래."

"어, 미안. 그래도 그렇지, 그깟 장난감 자동차로 대체 뭘 하려는 건데?"

"나한테도 다 생각이 있거든?"

"생각은 무슨 생각이야. 그걸로 안을 들여다보려는가 본데 어림도 없을걸? 이거라면 몰라도."

그러더니 도람이는 가방에서 손바닥만 한 드론과 함께 고글을 꺼냈다.

"와, 이건 뭐야?"

유나가 신기한 듯 물었다.

"이 고글을 쓰면 드론에 달린 카메라가 비추는 화면을 볼 수 있어."

도람이는 가만히 보고나 있으라며 고글을 쓰고 드론을 띄웠다. 전원을 켜고 조종기를 움직이자 드론이 윙 소리를 내며 하늘로 떠올랐다.

그런데 얼마 지나지 않아 도람이가 들고 있던 리모컨에서 삐삐 소리를 내며 경고음이 울렸다.

"이런……. 충전하는 걸 깜빡했네."

도람이가 멋쩍은 듯 머리를 긁적이며 말했다. 해찬이는 그럴 줄 알았다는 듯 고개를 절레절레 흔들었다.

"그래. 그 짧은 시간에 뭐 대단한 거라도 봤냐?"

"구멍! 아니, 구멍이었던 것 같기도 하고……. 사실 지붕 위에 있는 뭔가가 빛을 반사해서 화면이 잘 안 보이더라고……."

도람이가 말을 얼버무리며 얼굴을 구겼다.

"그 구멍을 자세히 보려고 했는데 하필 그때 배터리가 다 될 줄 몰랐지."

"장비만 최신이건 뭐 해? 쓸모가 없는데."

도람이가 시무룩해진 만큼 의기양양해진 해찬이가 슬그머니 집어넣었던 장난감 자동차를 가방에서 다시 꺼냈다.

"울타리 때문에 우리는 못 들어가지만 이건 작아서 들어갈 수 있어. 그리고 드론보다 조용해."

해찬이는 그렇게 말하며 장난감 자동차에 스마트폰을 달고 카메라를 켰다. 과정은 어설퍼도 막상 설치하고 나니 그럴싸했다.

"오, 해찬이 너 다단하다. 꼭 발명왕 에디슨 같아."

유나의 칭찬을 받자 해찬이는 우쭐해졌다.

"쳇, 에디슨은 무슨. 그럼 나는 테슬라게?"

거꾸로 도람이는 심술이 나서 말이 곱게 나오지 않았다.

"에디슨의 발명품은 1000개도 훨씬 넘는다고!"

"그래도 전류 전쟁에서는 테슬라가 이겼어!"

해찬이와 도람이가 또다시 티격태격 말싸움을 시작하자 유나는 한숨을 푹 쉬며 싸움을 말렸다.

"그래그래. 에디슨도, 테슬라도 모두 훌륭한 발명가야. 알겠으니까 그만 좀 싸우고 이번에는 해찬이한테 맡겨 보자."

해찬이가 조종기를 만지자 장난감 자동차가 앞뒤로 움직였다. 해찬이는 곧장 자동차를 비닐하우스를 둘러싼 울타리 안쪽으로 넣었다. 자동차는 비닐하우스에 바짝 붙어 천천히 한 바퀴를 돈 뒤, 제자리로 돌아왔다.

"에이, 이게 뭐야."

하지만 장난감 차가 찍어 온 영상에도 이렇다 할 단서는 없었다. 그저 비닐하우스의 검은 벽만 찍혔을 뿐이었다.

"그럴 줄 알았어. 장난감으로 대체 뭘 한다는 건지."

"뭐? 야! 너, 말 다 했냐!"

"잠깐 조용히 해 봐! 해찬아, 이거 볼륨 좀 높여 줄래? 무슨 소리가 들리는 것 같아."

유나의 말에 해찬이는 스마트폰 볼륨을 높였다. 처음엔 아무

것도 안 들렸는데 귀를 더 기울이니 우나 말처럼 무슨 소리가 들렸다.

"물소리 같은데?"

정말이었다. 희미하게 들리는 건 철썩거리는 물소리였다. 물소리라는 말에 도람이 얼굴이 굳어졌다.

"고양이가 싫어하는 게 뭔지 알아?"

"뭐?"

"설마 물……?"

"그래. 어쩌면 물을 가득 담아 놓고 저 안에서 고양이를 괴롭히고 있을지도 몰라."

도람이는 예전에 사촌 형이 키우던 고양이를 함께 목욕시킨 적이 있는데 고양이가 물을 싫어해 무척 고생했다고 했다. 그건 유나도 알고 있는 사실이었다. 이곳에 정말로 고양이 학대범이 있다면 분명 고양이가 싫어할 만한 짓을 했을 것이다.

"얘들아, 머리 숙여!"

해찬이의 다급한 외침에 아이들은 일제히 고개를 숙였다.

창문이 어느새 열려 있었다. 그 창문 너머로 웬 남자가 이리저리 돌아다니는 모습이 보였다. 아이들은 들킬세라 입을 틀어막고 숨죽였다.

그때였다.

"야옹."

"고양이 울음소리야!"

유나의 말에 아이들은 목을 빼고 창문을 바라봤다. 비닐하우스 안에 고양이가 있었다. 그것도 한두 마리가 아니었다. 고양이들은 꼭 뭔가에 놀라기라도 한 듯 우왕좌왕했다.

"그럴 줄 알았어! 저 안에 분명 까뮈도 있을 거야!"

도람이가 말하자 해찬이도 가슴이 콩닥콩닥 뛰었다. 손에 땀까지 났다.

"정말 너무하네. 고양이를 대체 왜 괴롭히는 거야!"

유나가 울먹거리며 소리를 쳤다. 두 사람이 아무 말 못 하고 잠자코 있는 사이, 유나가 자리를 박차고 일어나 비닐하우스로 향했다. 말릴 틈도 없이 순식간에 일어난 일이었다.

유나는 울타리까지 타고 넘어가 문을 쾅쾅 두드렸다. 해찬이와 도람이도 잽싸게 유나 쪽으로 갔다.

도람이가 경찰에 신고하려는 듯 스마트 워치를 바라봤다. 그때 비닐하우스 문이 열렸다. 비닐하우스 안에서 따뜻하고 습한 공기가 훅 밀려 나왔다. 하지만 문 앞에는 아무도 없었다. 아이들은 무언가에 홀린 듯 문 안쪽으로 걸어 들어갔다.

"저기요! 아무도 안 계세요?"

해찬이가 용기를 내 외쳤다. 비닐하우스 안에는 어둠만 가득할 뿐, 빛이라고는 없었다.

'대체 어떻게 문이 열린 거지?'

쾅! 철컥!

그런데 별안간 아이들이 들어왔던 문이 닫혀 버렸다.

"꺅! 갑자기 왜 이래?"

"문이 꼼짝도 안 해. 잠겼나 봐!"

도람이가 닫힌 문을 다시 열려고 안간힘을 썼지만 소용없었다. 누군가 강제로 문을 닫고 잠근 거라는 생각이 들었다.

해찬이는 112에 신고하려고 스마트폰을 꺼냈다. 그런데 스마트폰 신호가 잡히지 않았다. 유나와 도람이 것도 마찬가지였다.
"우리 갇힌 거야? 여기 너무 덥고 숨 막히는데······. 전화도 안 되고 어떻게 하지?"
"잠시만, 어디서 시원한 바람이 불어오는 것 같아."

조금 전까지만 해도 분명 높은 습도와 온도 때문에 숨이 막혔는데, 비닐하우스 안은 언제 그랬냐는 듯 시원해져 있었다.

그리고 잠시 뒤, 불도 켜졌다. 아이들은 밝아진 비닐하우스 안을 천천히 둘러보았다. 밖에서 짐작한 것보다 훨씬 더 넓었다. 그때였다.

"너희들, 내 비닐하우스에서 뭐 하는 거야?"

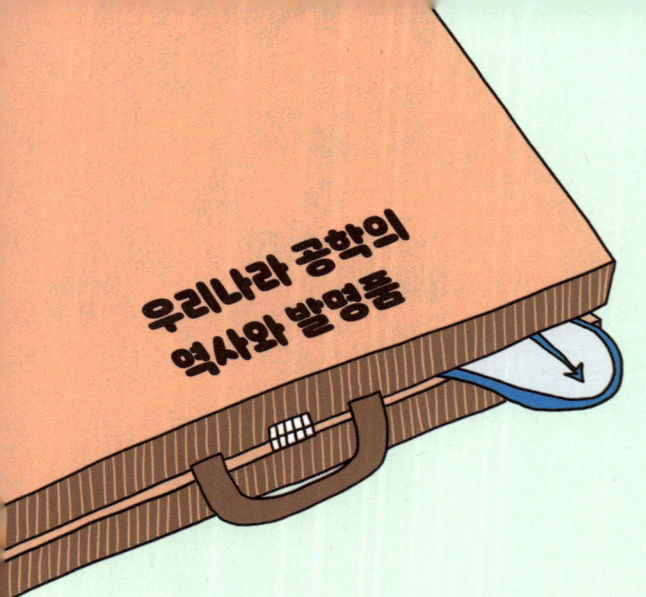

# 우리나라 공학의 역사와 발명품

우리나라에도 아주 오래전부터 공학과 공학자가 있었어. 우리나라만의 독창적인 공학 기술이 담긴 문화유산에는 무엇이 있고, 누가 만들었는지 살펴보자.

### 석굴암

경주를 대표하는 유적 '석굴암'은 1300년 전 통일 신라 시대의 재상 김대성이 만들었어. 신라의 뛰어난 건축 기술과 종교적, 예술적 가치를 담고 있어서 1995년에 유네스코 세계 문화유산으로도 지정되었지. 석굴암이 있는 토함산은 안개가 자주 껴서 습도가 높아. 그런데 어떤 기술로 지었기에 1000년이 넘은 오늘날까지도 멀쩡히 보존될 수 있었을까?
본존불인 석가여래좌상이 자리 잡은 석굴암 주실은 천장까지 둥그런 원형인데, 360개의 넓적한 돌만으로 만들었어. 이건 세계적으로도 찾아보기 힘든 아주 뛰어난 기술이라고 해.

또한 높은 습도 때문에 이끼가 끼는 것을 막으려 숯을 놓았고 위쪽에는 창문 겸 구멍을 냈어. 이 구멍으로 햇빛이 들면 실내가 밝아질 뿐만 아니라 온도가 높아져서 내부 공기가 자연스레 순환할 수 있지. 게다가 석굴 아래 흐르는 차가운 물은 석굴 안의 습기를 물방울로 만들고 지하로 흘려 사라지게 만들어.

하지만 석굴암은 일제 강점기 때 크게 훼손되었어. 그 이후로는 이 훌륭한 공학 기술이 적용되지 않는다고 하니 정말 안타까운 일이야.

## 팔만대장경과 직지심체요절

우리나라에도 독자적인 활판 기술이 있었어. 나무 판에 글자들을 새겨 종이에 찍어 내는 목판 인쇄술과 쇠붙이에 낱자를 새겨 조합한 뒤 종이에 찍어 내는 활판 인쇄술이 모두 발달했는데 그 둘을 대표하는 문화유산이 바로 '팔만대장경'과 '직지심체요절'이야.

팔만대장경은 고려 시대에 만들어졌어. 글자를 새긴 목판이 8만 1258매여서 팔만대장경, 1000년 전 만들었다가 불타 버린 초조대장경을 다시 새겼다고 해서 재조대장경이라고도 불리지. 나무인데도 썩거나 갈라지지 않고 800여 년을 버텨 왔는데, 그 기술이 아주 독보적이야.

경상남도 합천 해인사의 대장경판

일단 글자를 새길 나무판을 소금물에 삶았어. 그 과정에서 나무의 진액은 빠지고 소금기가 겉에 발라져 습기를 막을 수 있게 됐지. 게다가 경판끼리 부딪치지 않고 바람이 잘 통하도록 양쪽에 각목을 덧대어 높이 차가 생기게 했고, 네 귀퉁이는 구리판으로 감싸 뒤틀림을 예방했어. 그게 다가 아니야. 팔만대장경을 보관하고 있는 해인사의 장경판전 자체도 습도와 온도 조절을 스스로 할 수 있게 고안한 탁월한 건축물이란다.

팔만대장경과 비슷한 시기에 만들어진 직지심체요절은 세계에서 가장 오래된 금속 활자본으로 알려져 있어. 관리와 보존, 잘못 새겼을 때 수정이 힘든 목판과 다르게 수정하기도 쉽고 보관도 용이하지. 하지만 분리된 낱자들이 고정되지 않아 움직인다든지 목판에 비해 먹물이 잘 스미지 않고 종이도 잘 찢어진다는 단점이 있었어. 물론 우리 조상님들은 활자의 틈을 대나무를 메우고, 질긴 종이와 특수한 먹을 개발해 이런 단점을 극복했지.

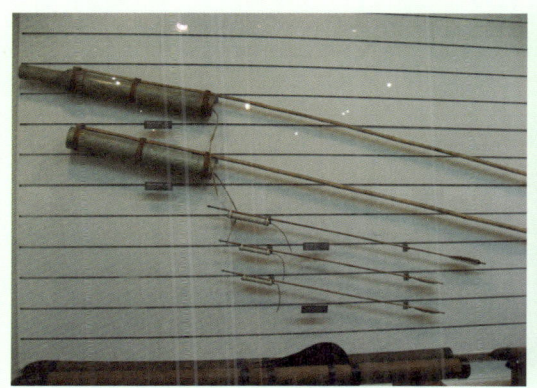 

주화를 개량해서 만든 조선 시대의 신기전　　　　신기전기 화차

## 나라를 지키는 화약과 화포

공학은 나라를 지키는 데도 큰 역할을 했어. 고려 시대 무인이자 과학자였던 최무선은 우리나라 최초로 화약을 발명한 인물이야.

그 당시 우리나라에는 화약을 만드는 기술이 없었어. 화약은 전부 이웃 나라 중국에서 수입했고 그렇게 들여온 화약도 불꽃놀이처럼 놀이용으로만 썼지. 최무선은 어려서부터 병법과 화약 연구에 관심이 많았다고 해. 왜구의 침략이 워낙 잦은 시기였거든.

원나라(중국의 옛 이름) 사람에게 화약 만드는 법을 배운 최무선은 관직에 나아가 '화통도감'을 설치해 달라고 했어. 화통도감은 화약이나 화약 무기를 만들던 관청인데, 이곳에서 최무선은 대장군,

이장군, 화포, 신포 등의 총포류와 화전, 철령전, 피령전 등의 발사 무기 등 각종 화약 무기를 만들었어.

그중 '주화(走火)'라는 무기가 있어. 한자 그대로 '달리는 불'이라는 뜻의 주화는 화살 앞쪽에 화약통이 붙어 있어. 화약이 타면서 그 힘으로 화살이 날아가게 되는 거지. 오늘날 로켓의 원리를 적용한 무기여서 우리나라 최초의 로켓이라 보기도 해. 원거리 공격에 아주 탁월했는데 '화포를 사용하여 적선을 불태웠는데 불꽃과 연기가 하늘을 덮었고 배에 있는 왜구들은 모두 불타 죽거나 바다에 빠져 죽었다.'는 기록이 《고려사》 속에 남아 있어.

### 세종 대왕의 훈민정음과 장영실의 수많은 발명품

'나랏말싸미 듕귁에 달아 문자 와로 서르 사맛디 아니할세…….' 우리나라 공학의 역사를 이야기하면서 한글을 빼놓을 수는 없을 거야. 세종대왕이 밝힌 창제 이유에서도 알 수 있듯이, 한글은 글을 읽고 쓸 줄 모르는 백성들을 위해 만든 거거든.

훈민정음 해례본을 살펴보면 한글을 만든 원리가 더욱 놀라워. 28개의 글자(자음 17자, 모음 11자)를 어떻게 읽고 써야 하는지, 자음과 모음을 합쳐 글자를 만드는 방법, 초성·중성·종성에 올 경우 달라지는 글자의 발음과 높낮이 등 아주 세세하고 과학적으로 설명되어 있지. 한글이 만들어진 이후, 누구든 쉽고 편하게 글을 읽고 쓸 수 있게 됐으며 문학도 크게 발전했어.

장영실이 발명한 물시계 자격루와 해시계 앙부일구

세종 대왕을 생각하면 잇달아 생각나는 사람이 있을 거야. 맞아, 바로 '장영실'이야. 장영실은 노비 신분이었지만 재능이 뛰어나 태종과 세종의 눈에 들었어. 그리고 농업이 중심이었던 나라와 백성에 보탬이 되는 발명품을 여럿 만들었지. 징과 종, 북을 이용해서 스스로 시간을 알리는 물시계 '자격루', 비의 양을 재는 '측우기', 계절과 날씨 변화를 파악하기 위해 달과 별의 움직임을 관측하는 '간의대'와 '혼천의' 등이 있어.

# 장영실의
# 비밀 연구소

아이들은 꼼짝도 하지 못하고 서 있었다. 변명을 쥐어짜 내려는 해찬이의 머릿속이 뒤죽박죽 엉켜들었다.

그때 아이들 곁으로 누군가가 다가왔다.

"어, 얘들아. 그렇게 놀라게 하려던 건 아닌데……. 진정해."

아이들이 너무 겁먹은 것처럼 보였는지 낯선 목소리는 오히려 당황해하며 아이들을 안심시켰다. 예상대로 아까 창문을 통해 봤던 그 남자였는데, 안경을 쓰고 턱에는 짧은 수염이 나 있었다. 바람에 흩날렸는지 머리카락은 어지럽게 헝클어진 데다가 가뜩이나 까무잡잡한 피부는 벌겋게 익기까지 해서 하얀 치아를 유난히도 빛나 보이게 했다.

"그럼 문은 왜 잠갔어요?"

"맞아요. 우리를 왜 가둔 거냐고요!"

"하하. 얘들아, 진정해. 일부러 가두려던 게 아니야. 이곳은 센서 때문에 문이 저절로 열리고 닫혀. 문이 닫히면 일단 보안 장치가 작동하고 통신도 모두 차단되지. 남의 집에 함부로 들어오는 사람은 없잖아. 그런데 보아하니 너희가 해를 끼치러 온 건 아닌 것 같아서 내가 곧장 보안 장치를 껐어. 확인해 봐. 지금은 스마트폰에 문제없을걸?"

도람이가 잽싸게 스마트 워치를 확인했다. 남자 말대로 전파 신호가 잘 잡히고 있었다.

"그, 그럼 고양이는요? 고양이를 왜 괴롭히고 있는 거죠?"

유나가 소리치자 남자는 고양이를 해치는 게 아니라 오히려 돌보고 있다고 했다.

"거짓말. 고양이들이 놀란 것처럼 이리저리 날뛰었다고요!"

"고양이들이랑 놀아 주는 중이었는데……. 자, 봐. 이렇게."

남자가 고양이 낚싯대를 이리저리 흔들었다. 그러자 어느샌가 고양이들이 나타나 낚싯대를 따라다녔다. 어떤 고양이는 낚싯대 말고 남자의 바지 자락을 잡으려는 듯 앞발을 휘휘 저었다.

"이래도 못 믿겠어? 어쩔 수 없네."

남자는 그렇게 말하고는 아이들에게 신분증을 내밀었다.

"장……, 영실……? 이름이 장영실이에요?"

"그래, 맞아. 조선 시대 과학자 장영실하고 똑같지. 물론 이름이 같은 건 우연이지만 내가 제일 존경하는 위인이기는 해."

도람이가 신분증을 더 자세히 보려고 손을 뻗자 장영실이 살짝 뒷걸음질을 쳤다.

"너희는 정말 의심이 많구나. 그래, 좋아. 뭐든 의심에서 출발하는 법이니까. 어쨌든 내 비닐하우스에 온 걸 환영해. 너희는 이곳을 방문한 첫 손님이야."

의심을 완전히 풀 수는 없었지만 아이들은 천천히 비닐하우스 안을 둘러보았다. 환하게 밝아진 비닐하우스 안은 밖에서 생각했던 분위기와는 완전 딴판이었다.

한쪽은 마치 숲속 같았다. 큰 화분이 여러 개 있었는데 화분마다 빨갛고 노란색의 이름 모를 꽃들로 가득했다. 잎이 넓은 키 큰 활엽수들도 쭉 늘어서 있고, 그 밑에는 작은 식물들이 빼곡하게 자라고 있었다.

나무 사이로 몇 마리의 새들까지 날아다녔다. 살펴보니 비닐하우스 천장에 난 구멍으로 새들이 자유롭게 드나들고 있었다. 도

람이가 봤다던 그 구멍 같았다.

밖에서 막 날아들어 온 새가 나무에 앉았다. 나무 몸통에 붙어 있던 장수풍뎅이와 사슴벌레가 새를 피해 부랴부랴 나무 틈으로 쏙 파고들어 갔다.

숲 반대쪽에는 커다란 수족관이 있었다. 수족관에는 손바닥만 한 오징어와 화려한 줄무늬의 열대어, 몸에서 빛이 나는 물고기 등 온갖 해양 생물이 유유히 헤엄을 치고 있었다.

"여기, 대체 뭐 하는 곳이에요?"

수족관 앞으로 다가간 아이들이 보고도 믿기지 않는다는 듯 장영실에게 물었다.

"나는 공학자야. 그리고 여기는 '미래 문제 연구소'지."

"미래 문제 연구소? 어떤 미래 문제요?"

해찬이의 질문에 장영실은 비닐하우스 안을 왔다 갔다 하며 잠시 뜸을 들이다가 말했다.

"지구."

그러자 허공에 지구가 나타났다.

"이게 뭐예요?"

"와, 정말 신기해요!"

"이런 건 영화에서나 봤는데……. 진짜 같아요!"

　장영실은 아이들의 반응을 예상이라도 한 듯 미소를 지었다.
　"그러니까 지구와 인류에게 닥친 모든 문제를 연구하는 곳이라고나 할까?"
　아이들은 영상을 더 자세히 보기 위해 가까이 다가갔다.
　"기후 변화, 지구 온난화, 넘쳐 나는 쓰레기, 사라지는 섬, 멸종하는 동물들……."

녹아내리는 빙하와 바닷물에 잠긴 섬, 이글이글 타오르는 열대 우림, 바다에 가득 들어찬 플라스틱 쓰레기 등, 장영실이 말을 꺼낼 때마다 지구 위로 다른 영상들이 차례로 나타났다.

그 광경을 보는 아이들의 표정이 어두워졌다.

"이런, 내가 너무 심각한 모습만 보여 줬구나."

장영실이 박수를 짝 치자 눈앞에 펼쳐진 화면이 감쪽같이 사라졌다.

"너무 걱정할 필요는 없어. 이런 문제를 해결하기 위해 나 같은 공학자들이 열심히 고민 중이니까."

"되게 멋진 일을 하고 계시네요. 그런데 왜 하필 우리 동네에 연구소를 만들었어요?"

해찬이 말에 장영실이 기다렸다는 듯 말을 이었다.

"예리한 질문이야. 우선 내 식물들과 곤충, 동물들을 잘 돌볼 수 있도록 조용하고 여유로운 환경이 필요했어. 또 보다시피 여긴 기계나 각종 연구 장비가 많아서 그만큼 에너지가 많이 필요해. 그런데 이 마을은 높은 건물이 없어서 햇빛이 잘 드니까 태양 에너지를 이용하기가 쉬워 보였지. 무엇보다 이 동네에는 건강한 길고양이들이 많더라고. 요즘에 사람들에게 도움이 될 만한 생체 모방 기술도 연구 중이거든. 그래서 이 마을에 온 거야."

"아! 혹시 비닐하우스 지붕에서 빛을 반사하던 게……."

그 말을 들은 도람이가 이제야 알겠다는 듯 소리쳤다.

"맞아. 태양광 패널을 지붕 위에 설치했어."

"그런데 생체……, 그건 뭐예요?"

"나, 그거 들어 봤어. 자연을 활용하는 기술이랬나?"

유나의 질문에 해찬이가 아는 체하자 도람이는 질 수 없다는 듯 재빨리 스마트폰으로 검색했다.

"생체 모방 기술이란 동물이나 식물 같은 생물체가 가진 기능에서 아이디어를 얻어 제품을 만드는……."

"오, 어린 학생들이 검색 능력도 상당히 뛰어나구나. 맞아. 사실 생체 모방 기술은 이미 우리 주변에서 다양하게 활용되고 있어. 어디 보자……. 네 신발에도 있네. 그 벨크로 말이야."

장영실이 유나의 신발을 가리키며 말했다.

"찍찍이 말이에요?"

"그래. 벨크로는 갈고리처럼 생긴 식물의 표면 돌기에서 아이디어를 얻은 거거든."

장영실의 말을 들으니 의심스럽던 마음이 점점 사라지는 것 같았다.

"그래서 여기 있는 동식물로 그런 걸 연구한다고요?"

"그렇다니까. 아무리 작은 생물이라도 배울 점이 참 많거든. 저 오징어를 좀 봐."

장영실이 이번에는 수족관 안에 있는 오징어를 가리켰다.

"심해에 사는 대왕 오징어 빨판에는 무시무시한 이빨이 있어. 덕분에 먹이를 움켜쥐는 힘이 어마어마한데, 더욱 놀라운 건 그 이빨이 손상됐을 때 물에 담그면 스스로 치료된다는 거야."

"헉! 설마 거기서도 아이디어를 얻어 뭔가를 만들었어요?"

"정답. 물론 아직 완벽한 건 아니지만 언젠가는 여러 번, 온전하게 복구되는 소재도 개발되겠지."

"그렇게만 되면 물건이 부서졌다고 버릴 필요 없겠네요?"

"맞아. 그러면 쓰레기도 덜 생길 거고."

"환경을 지키는 데도 도움이 될 거야!"

아이들이 신나서 외치자 장영실이 웃음을 터뜨렸다.

"너희들 말이 다 맞다. 아무튼 나는 너희 말대로 지속 가능한 지구를 위해 열심히 일하는 공학자라고. 하하."

"그럼 고양이도 연구 때문에 데려오신 거예요?"

"그렇다니까. 앞에선 안 보였겠지만 여긴 길고양이들이 자유롭게 드나들 수 있어. 난 고양이들에게 밥을 주면서 고양이의 습성을 연구하고 있던 것뿐이야."

장영실은 숲 공간 너머 뒤쪽으로 아이들을 안내했다. 큰 나무에 가려 보이지 않던 안쪽에 더 넓은 공간이 있었다.

그곳에 고양이들이 모여 있었다. 유나가 한달음에 달려가 한 마리씩 꼼꼼히 눈여겨보았다. 하지만 이곳에도 까뮈는 없었다.

"아직도 내가 고양이를 학대한다고 생각하는 건 아니지? 하하. 보다시피 물도 있고, 밥도 있고, 놀이 시설도 있어."

장영실 말대로 깨끗한 밥그릇과 물그릇이 여러 개 있고, 고양이들을 위한 캣타워나 자동 장난감도 설치되어 있었다. 그리고 한쪽에는 몸이 아픈 고양이를 치료하는 공간도 있었다.

"의료 로봇으로 고양이들 건강도 검진하고 있어. 연구에 도움을 받으니 나도 나름대로 보답하고 있는 셈이지."

"그나저나 고양이의 어떤 능력을 연구하시는 거예요?"

"주로 고양이들의 신체 능력이야. 유연성이나 균형 감각, 예민한 청각과 촉각, 먹이를 사냥할 때 나오는 폭발적인 속도 같은 것들 말이야."

아이들의 질문에 장영실은 막힘없이 대답했다. 복잡하게 엉켰던 의심도 어느샌가 사라져 있었다.

"내 얘기만 너무 많이 한 것 같네. 이제 나도 좀 묻자. 너희는 대체 정체가 뭐니?"

장영실이 안경을 고쳐 쓰며 아이들을 빤히 바라봤다.

"저희는 고양이 수사대예요. 유나네 고양이 까뮈를 찾다가 여기까지 오게 됐는데…….."

"제가 올린 SNS 게시글에 여기에서 고양이 울음소리를 들었다는 제보 댓글이 달렸거든요."

해찬이 말이 끝나기도 전에 도람이가 끼어들었다.

아이들의 말을 들은 장영실이 큰 소리로 웃었다.

"하하하. 그래서 고양이 수사대가 결성된 거구나?"

"해찬이가 대장이에요. 지도 없이도 여기까지 오는 길을 한 번에 찾았고, 장난감 자동차로 아저씨 비닐하우스가 수상하다는 것도 알아냈어요. 친구들에게 문제가 생기면 해결해 주는 만능 공학자라니까요!"

"물론 항상 쓸모 있는 건 아니고요."

유나의 말에 도람이가 빈정거리는 투로 말했다. 쓸모없다는 말에 해찬이가 도람이를 쏘아봤다.

해찬이와 도람이가 티격태격하기 시작하자 장영실이 아이들을 말리며 말을 돌렸다.

"그래서 뭘 좀 알아냈니?"

"최근 동네에서 죽은 고양이가 많이 발견됐어요. 사고가 아니라 누군가 일부러 그랬다는 소문도 있고요."

"그래서 댓글을 보고 여기까지 온 건데 아저씨는 범인이 아니잖아요. 고양이 학대범은 따로 있고 어쩌면 까뮈도……."

해찬이의 말에 도람이가 맞장구를 치자 장영실이 골똘히 생각에 잠겼다.

"안 그래도 내가 관찰하던 고양이 중 몇 마리도 돌아오지 않고 있어. 정말 누군가 일부러 고양이를 붙잡아 가는 걸까? 그렇다면……."

말끝을 흐린 장영실이 주머니에서 터치식 리모컨을 꺼내 버튼을 꾹 눌렀다. 그러자 온몸이 검은 고양이 한 마리가 꼬리를 치켜들고 나타났다.

"우아, 검정고양이다!"

도람이와 유나가 고양이에게 다가갔다. 고양이는 반갑다는 듯 야옹 인사하고는 아이들 손에 연신 머리를 들이대며 비볐다.

"이름은 초코라고 해."

"어쩜 이렇게 사람을 잘 따르죠? 정말 귀여운데요!"

도람이는 초코를 쓰다듬느라 정신이 없었다. 하지만 옆에서 함께 초코를 만지던 유나는 뭔가 이상했는지 손을 멈추고 고개를 갸웃거렸다.

"어? 그런데 얘 진짜 고양이 맞아요?"

유나가 눈을 동그랗게 뜨고 묻자, 장영실이 흠칫 놀라며 대답했다.

"무슨 말이야?"

"뭔가 이상한데요……. 우리 까뮈는 이렇게 만지면 따뜻하거든요."

"하하하. 이야, 역시 수사대답구나!"

장영실이 갑자기 웃음을 쏟아 냈다. 그 모습에 아이들은 어리둥절한 표정을 지었다.

"그래, 맞아. 이상한 거. 초코는 로봇이니까."

"에이, 로봇이라고요? 이런 로봇은 처음 봐요. 로봇이 무슨 털이 있어요? 그리고 로봇은 보통 사람처럼 생겼는데……."

도람이가 못 믿겠다는 듯 얼굴을 구기자 장영실이 고개를 가로저었다.

"로봇의 생김새에 정답은 없어. 사람이나 동물, 심지어 바퀴벌레 같은 곤충 모양 로봇도 있지. 목적에 따라 로봇의 겉모습도 아주 다양하다고."

"아! 설마 초코가 아저씨가 연구한다던 고양이 능력을 반영해서 만든 로봇이에요?"

"바로 그거야."

해찬이의 말을 들은 장영실이 손가락을 딱 튕겼다.

"초코는 재난 구조용 로봇이야. 재난 현장을 돌아다니며 미세한 소리로 사람들의 위치를 파악하고 높거나 좁은 곳에도 얼마

든 갈 수 있지. 특히 지진 등으로 추가 붕괴 위험이 높은 곳에서는 고양이가 가진 균형 감각과 유연성이 더 유용해."

초코의 기능을 소개하는 장영실은 자신감이 넘쳐 보였다.

"자, 까뮈를 찾는 데 초코를 이용해 보자. 고양이가 잘 숨는 곳들을 초코가 보여 줄 거야. 그리고 만약 고양이 학대범이 정말 있고 까뮈가 그 사람에게 잡혀간 거라면 분명 초코도 잡아가겠지. 그러면 위치를 추적해서 근거지를 알아내자."

장영실은 모니터를 켰다. 그러자 초코 눈에 비친 모습이 화면에 비쳤다.

"우아!"

"어디 보자. 무턱대고 풀어 놓기보다는 고양이들이 자주 보이는 곳이 어디인지 먼저 알아봐야겠다."

"그런 것도 알 수 있어요?"

"우리가 주고받은 문자나 데이터, 또 보안 카메라 같은 것들을 통해 엄청난 정보가 모이거든. 그런 정보를 좀 활용해 보자는 거지."

장영실은 키보드 위에서 손을 빠르게 움직이며 설명을 이었다.

'오! 키보드도 리모컨처럼 터치스크린 방식이네. 닦기에도 편해 보이고 좋잖아? 나도 노트북 고를 때 저런 걸로 알아봐야지.'

장영실이 쓰는 기기를 보고 눈이 휘둥그레진 해찬이가 잠깐 딴생각을 하는 틈에 도람이가 다시 아는 체를 했다.

"아! 그거 들어 봤는데……. 빅, 빅……."

"빅 데이터 맞죠?"

하지만 이번에는 해찬이가 도람이의 말을 낚아챘다.

"그렇지. 제법이야. 보안 카메라에 찍힌 고양이들의 이동 경로를 파악해서 그쪽으로 초코를 보내자."

지도와 보안 카메라 영상을 어지럽게 오가며 한참이나 뭔가를 조작하던 장영실이 초코를 비닐하우스 밖으로 내보냈다.

밖으로 나간 초코는 곧장 어디론가 쏜살같이 달려가기 시작했다. 속도가 어찌나 빠른지 화면이 정신없이 흔들리는 바람에 보는 쪽도 어지러울 정도였다.

거침없이 달리던 초코가 갑자기 멈춰 섰다. 초코 앞에 얼룩무늬 고양이 한 마리가 나타난 것이다. 얼룩이는 초코를 보자 꼬리를 곧추세우고 털을 부풀리며 하악 소리를 냈다. 초코는 곧바로 꼬리를 다리 사이에 숨긴 채 뒤로 슬금슬금 물러났다. 얼룩이는 잠시 더 경계하다가 왔던 길로 사라졌다.

"휴, 다행이다."

화면을 보던 아이들은 안도의 한숨을 쉬었다.

초코가 다시 길을 걷기 시작했다. 좁은 골목을 벗어나자 2차선 도로가 나왔다.
"길을 건너야 할 것 같은데……."
한참 동안 꼼짝 않는 초코를 지켜보던 장영실이 리모컨을 집어 들었다. 초코가 미리 정한 경로대로 움직이지 않는다면 수동으로 움직이려는 것 같았다.

"고양이는 왜 주변을 보지 않고 길을 건널까요? 차가 얼마나 위험한데······."

초코를 보던 유나는 자신의 다리를 내려다보며 장영실에게 말했다.

"음. 그렇지. 아마 네 말대로 차가 얼마나 위험한지 모르기 때문 아닐까? 아마 자율 주행 기술이 더 발달하면 그렇게 발생하는 사고를 더 많이 막을 수 있을 거야. 사람뿐만 아니라 함께 살아가는 동물들에게도 안전한 환경이 되겠지."

"자율 주행 자동차는 지금도 있잖아요."

"아직은 기술이 완벽하지 않아. 하지만 머지않아 차 스스로 주변의 여러 상황을 살피고 긴급 상황에 대처하는 완벽한 자율 주행 차가 나오겠지."

"그런 날이 빨리 오면 좋겠어요. 정말로요."

해찬이와 도람이는 그렇게 말하는 유나의 마음이 느껴져 안타까웠다. 장영실도 묘한 분위기를 느꼈는지 더 말하지 않고 살짝 웃어 주기만 했다.

그사이 초코는 또 다른 장소로 이동했다. 마당이 있는 건물 안이었다.

"빈집 같아. 완전 오래돼 보여."

도람이가 화면으로 얼굴을 바짝 들이대며 말했다.

그 말대로 집 마당에는 풀이 길게 자라나 있었고, 창문도 오랫동안 닦지 않은 탓에 하나같이 모두 뿌옜다. 누가 봐도 사람이 살지 않는 곳이었다.

"어, 고양이들이다!"

화면 속에서 고양이를 발견한 해찬이가 손가락으로 화면 구석을 가리켰다. 그곳에 대여섯 마리의 고양이가 있었다. 내리쬐는 햇빛을 피해 나무 그늘에 앉아 나른한 오후 시간을 보내고 있는 듯 보였다.

"확실히 길보다는 저기가 더 안전하겠어. 차도 없고 사람도 안 보이잖아."

유나는 초코가 비춘 화면을 유심히 바라보았다. 여러 마리의 고양이 중 까뮈가 있는지 살피는 것 같았다.

그때였다.

마당이 잘 보이는 곳에 자리를 잡은 초코 위로 어두운 그림자가 드리웠다.

"이 녀석은 못 보던 고양이인데······."

초코의 시야 밖에서 낯선 목소리가 들리는가 싶더니 곧 화면이 흔들렸다.

## 세상을 연결하는 오늘날의 공학

공학 분야의 중요도는 도시가 만들어지기 시작한 고대에는 '건축', 농업에서 공업으로 중심이 바뀐 근대에는 '기계', 고도화·자동화 산업 사회인 오늘날에는 '컴퓨터', '전자', '정보 통신' 등으로 바뀌어 왔어. 그렇다면 현대 공학자들의 관심 분야와 미래 기술은 무엇일까?

### 시공간을 뛰어넘게 하는 정보 통신 기술

정보 통신 기술은 세계를 하나로 연결했어. 우편에서 전보, 전화로의 통신 기술 발전도 놀랍지만 인터넷과 월드 와이드 웹은 그야말로 시간과 공간 구분을 무의미하게 만들었지. 지금 우리가 지나는 제3차 산업 혁명 시대도 이런 정보 통신 기술의 발전에 힘입어 가속화된 거야. 그런 의미에서 오늘날을 이끄는 제1의 공학 분야는 단연 전기·전자 공학, 정보 통신 공학이라고 할 수 있겠지.

물론 요즘은 한 가지 분야만 중요하지 않아. 현대에는 기본 공학에서 가지를 뻗어 나가 응용하거나 둘 이상의 분야가 융합하는 게 더 중요하거든.

예를 들어 현대인의 필수품으로 꼽히는 스마트폰을 생각해 보자. 단순하게 보면 스마트폰 자체는 각종 전자 부품을 조립해서 만든 전자 기기일 뿐이야. 하지만 '스마트폰을 사용한다'고 하면 기계를 가만히 들고만 있는 게 아니잖아? 전화도 하고, 메시지도 보내고, 사진을 찍어서 SNS에 올리기도 해. 그뿐이야? 게임, 인터넷 검색, 어떨 때는 문서나 동영상 편집도 해. 즉, 스마트폰에서 중요한 건 기계 자체가 아니라 그 안에 든 기술과의 조합인 셈이지.

물론 이런 사례는 스마트폰에만 해당하지 않아. 주행 성능은 물론, 편의 기능과 안전 기능까지 때에 맞춰 스스로 업데이트하는 자동차, 식재료를 기록하면 보관법과 소비 기한, 조리법까지 일러 주는 냉장고, 공기 질에 따라 자동 환기 시스템을 가동하고 나가기 전에 엘리베이터를 미리 불러 주는 아파트 등 현대의 생활은 하드웨어와 소프트웨어의 결합이 필수적이야. 그리고 이런 흐름은 미래로도 쭉 이어지겠지.

여러 분야의 기술이 결합된 스마트폰

**새로운 시대의 흐름, 4차 산업 혁명**

'4차 산업 혁명'. 다들 한 번쯤은 들어 봤을 거야. 4차 산업 혁명이란 첨단 정보 통신 기술로, 실제와 가상을 합쳐 사물이 스스로 판단하고 움직이게 만드는 혁신적인 변화를 말해. 급격한 시대 변화를 가져오고 있는 4차 산업 혁명의 핵심 기술에는 무엇이 있을까?

가장 대표적으로 '인공 지능'이 있어. 혹시 사람과 인공 지능의 바둑 시합을 기억해? 인공 지능 알파고는 시합을 하며 상대방 데이터를 쌓고 다른 시합을 분석해 실시간으로 실력을 올렸어. 이것을 '딥 러닝'이라고 해. 컴퓨터가 사람처럼 스스로 배우고 생각하는 기술을 말하지.

딥 러닝 기술을 최대한 활용하려면 그만큼 많은 정보가 필요해. 이럴 때 필요한 게 바로 '빅 데이터'야. 문자와 영상 데이터를 포함하는 수많은 디지털 정보의 모음 말이야. 인공 지능은 사람들이 디지털 세상에 남긴 데이터를 모으고 분석해서 취미와 관심 분야, 제품 구매 내역 등 다양한 정보를 알아내. 그 정보들은 상품 마케팅과 홍보는 물론, 감염병이 유행할 때 방역에 활용되기도 한단다.

한동안 아주 뜨겁게 주목받은 분야가 있었어. 바로 '메타버스'야. 메타버스는 현실 세계를 뜻하는 '유니버스(Universe)'와 가공, 추상, 초월을 의미하는 '메타(Meta)'가 합쳐진 말로 사회, 경제, 문화 활동이 가능한 가상 세계 공간을 의미해. 4차 산업 혁명의 모든 기술이 합쳐진 결정체로도 꼽히지. 도시 간, 나라 간 경계가 갈수록 희미해지는 지금, 게임과 의료, 교육 등 다양한 분야에서 활용되고 있어.

실제 같은 체험이 가능한 가상 현실 기술

마지막으로 '사물 인터넷'도 빼놓을 수 없어. 사물 인터넷(IoT, Internet of Things)은 모든 사람과 사물, 기계, 센서들이 인터넷으로 연결되어 정보를 교환하는 거야. 바깥에서 집 안의 가전제품 전원을 스마트폰으로 켜고 끄는 것, 스마트 워치로 건강 상태를 체크하고 전송받아 환자의 건강을 더 주기적으로 손쉽게 관리하는 의료 시스템, 정보 통신 기술로 적정 온도와 습도를 유지하는 스마트 팜 등 삶의 편리와 효율을 높이는 사물 인터넷 기술은 앞으로 더욱 많은 곳에서 활용될 거야.

# 이장의 음모

"누가 초코를 잡아가려나 봐요!"

"고양이 학대범 아니에요?"

"까뮈를 잡아간 사람이 분명해요!"

아이들이 호들갑을 떨었지만 장영실은 표정을 바꾸지 않았다.

"아니, 잡아가려는 건 아닌 것 같아."

땅에 비친 손그림자가 초코 머리에 올라가 있었다. 머리를 쓰다듬는 건지 손이 움직일 때마다 화면이 흔들렸다. 그리고 잠시 후, 그림자의 주인이 화면에 나타났다. 초코가 고개를 돌려 위를 올려다봤지만 햇빛 때문에 얼굴이 잘 보이지 않았다. 그냥 평범

한 할머니 같은데 한쪽 손에 사료 봉지를 들고 있었다.

"고양이들에게 밥을 챙겨 주시는 분인가 봐."

아이들은 안도의 한숨을 쉬었다.

"넌 아마 먹을 필요 없겠지?"

할머니는 알쏭달쏭한 말을 남기고 다른 고양이들이 있는 곳으로 휙 가 버렸다.

할머니가 빈 그릇에 밥과 물을 놓고 사라지자 마당 밖에서 경계하던 고양이들까지 몰려왔다. 초코는 몰려든 고양이들을 열심히 바라보았다. 거기에도 까뮈는 없었다.

고양이들이 사료를 먹고 다시 흩어질 때까지 한참이나 그 자리에 있었지만 수상한 사람은 더 이상 나타나지 않았다.

"다른 곳으로 가야 할 것 같아요."

그런데 유나의 말이 끝나자마자 폐가로 들어서는 누군가의 발소리가 들렸다. 아이들은 다시 숨을 죽이고 화면을 지켜보았다.

"아이고, 요 귀여운 녀석들이 몽땅 여기에 있었구나."

'귀여운 녀석들'이라는 말에 아이들은 다시 마음을 놓았다. 아까 그 할머니처럼 고양이를 챙겨 주러 온 사람인 모양이었다.

위이이잉!

그때였다. 갑자기 괴상한 기계음이 들렸다. 청소기 소리와 비숫한데 집에서 쓰는 것보다 훨씬 시끄러웠다. 화면에 집중하던 아이들과 장영실은 눈살을 찌푸렸다.

"이 시끄러운 소리는 뭐야?"

도람이가 귀를 틀어막고 큰 소리로 말했다. 장영실이 리모컨을 들었다. 초코가 자리에서 일어나 뒤를 돌아보려는 순간, 둔탁한 소리와 함께 화면이 지직거리며 꺼져 버렸다.

"앗, 이게 어떻게 된 일이에요?"

"초코한테 뭔가 충격이 가해진 것 같아."

깜짝 놀라기는 장영실도 마찬가지였다.

장영실은 리모컨 이곳저곳을 눌렀다. 하지만 화면은 좀체 켜지지 않았다.

"냐아아아아옹!"

다행히 스피커는 괜찮은지 소리가 계속 흘러나왔다. 그런데 시끄러운 기계음 사이로 들리는 건 고양이들의 비명이었다. 고양이들에게 무슨 일이 생긴 게 분명했다.

"저기로 빨리 가야겠어요! 아저씨, 초코가 지금 어디에 있어요?"

유나가 소리쳤다.

"어쩌면 저 사람이 고양이 학대범 아닐까?"

화면을 보던 해찬이가 말하자 장영실도 고개를 끄덕였다.

"그럴지도 몰라. 일단 지켜보자. 초코를 어디로 데려가는지 알아내야지."

장영실은 컴퓨터와 리모컨을 오가며 바쁘게 손을 움직였다. 잠시 뒤 꺼졌던 화면이 다시 켜졌다.

화면이 제대로 돌아오자 장영실은 곧바로 초코를 수동 모드로 변경했다.

"역시 그랬어."

분명 화면이 다시 켜졌는데 주변이 깜깜했다. 초코가 어둠 속에 갇혀 있는 것 같았다. 주위로 고개를 빙 돌리게 하자 폐가에 있던 고양이들도 어렴풋이 보였다.

"누군가 고양이들을 이 상자 속에 잡아넣은 거야."

유나의 말을 들은 장영실이 컴퓨터를 조작했다. 그러자 곧 지도와 함께 초코가 있는 듯한 위치가 깜빡거리며 화면에 나타났다.

"음. 지금 폐가에서 나와 차를 타고 이동 중인가 봐. 한곳에 멈추면 곧장 가 보자."

고양이들은 두려운지 꼼짝도 하지 않았다.

잠시 뒤, 차가 덤췄는지 화면 속 초코의 위치가 제자리에서 깜빡였다. 장영실은 화면을 다시 초코의 시야로 바꿨다.

고양이들이 갇혀 있던 곳의 문이 열리고 밝은 빛이 들어왔다.

그 빛 사이로 손이 불쑥 나타나더니 고양이를 하나둘 꺼내 커다란 우리 안으로 옮기기 시작했다.

마지막으로 초코가 번쩍 들어 올려졌다. 초코는 천천히 고개를 돌렸다.

"이장 아저씨?"

유나가 탄성을 내뱉었다. 해찬이와 도람이도 그 얼굴을 알았다. 장영실의 비닐하우스가 수상하다고 말해 줬던 바로 그 이장이었다.

"저 아저씨가 왜……."

해찬이가 말을 흐렸다. 아무리 봐도 믿기지 않았다. 아이들과 장영실은 이장의 행동을 숨죽여 지켜보았다. 이장은 방금 초코를 꺼낸 은색의 양철통으로 되돌아갔다. 그러고는 뭔가를 눌렀다.

곧 그 양철통이 윙 하는 거친 소리를 내며 작동했다.

"얘들아, 저 기계 보여? 아까 본 그 기계잖아. 마을을 자동으로 청소한다던……."

해찬이의 말이 끝나기 전에 기계는 더 큰 소리를 내며 움직였다. 기계는 초코와 고양이들을 풀어놓은 우리 반대쪽으로 향했다. 언제 잡아 온 건지 그곳에도 고양이가 여러 마리 있었다. 옆에 서 있던 이장이 음흉한 미소를 지었다.

"저 기계로 대체 뭘 하려는 거지?"

"왜 고양이에게 향하는 거야?"

그런데 그때 화면이 꺼지고 말았다. 화면을 바라보던 아이들과 장영실 입에서 탄식이 터져 나왔다.

"이런, 원격 조종 기능이 먹통이야. 복구하려면 시간이 좀 걸리겠는데……."

"얘들아, 일단 저기 가 보자! 아저씨도 같이 가 주세요! 저기 어디예요?"

유나가 다급한 목소리로 말했다.

"여기서 멀지 않아. 나가서 왼쪽으로 10분 정도만 가면 돼."

장영실이 모니터에 뜬 위치를 보고 말했다.

"그런데 미안하지만 난 너희와 함께 갈 수 없어."

"네? 갈 수 없다니요? 왜요? 우리끼리 가면 위험한데……."

도람이 말에 장영실은 잠깐 멈칫했다가 침착하게 다시 말했다.

"난 사실 이곳에 없거든."

장영실의 말에 아이들은 어리둥절한 표정을 지었다.

"너희가 보고 있는 나는 홀로그램이야."

그러고는 해찬이에게 다가와 대뜸 해찬이 손을 잡았다. 아니, 잡으려 했다. 하지만 잡히지 않았다.

"호, 홀로그램이요? 대체 어떻게 된 거예요?"

"그럼 아까부터 지금까지 쭉 홀로그램이었어요?"

"응. 미안. 사실 속이려던 건 아니고 궁금했거든. 너희가 내 상태를 알아챌지 어떨지 말이야. 정말로 몰랐던 거야?"

"네, 전혀요. 대체 어떻게 한 거예요? 홀로그램이 이렇게 감쪽같을 수 있어요?"

해찬이는 연신 감탄을 쏟아 냈다. 도람이가 손을 대려고 하자 장영실이 몸을 피한 일, 고양이가 장영실을 잡으려 연신 앞발을 휘저었던 일들이 생각났다.

"그게 전부 아저씨가 홀로그램이어서 그랬던 거군요! 리모컨이나 키보드가 모두 터치스크린인 것도 직접 누를 수가 없기 때문이고요."

"맞아. 정전기를 발생시켜서 누른 거야."

이제야 모든 게 이해가 되었다.

"그렇다면 아저씨는 대체 어디에 있는 거예요?"

"해찬아! 자세한 건 이따가 물어봐!"

유나가 소리쳤다. 유나와 도람이는 어느새 비닐하우스를 빠져나가고 있었다. 뒤늦게 해찬이도 정신을 차렸다.

"아! 해찬아, 잠깐만……!"

유나와 도람이를 쫓아 나가려던 해찬이를 장영실이 붙잡았다. 장영실은 해찬이 귀에 대고 뭔가를 속삭였다.

아이들은 장영실이 설명해 준 곳으로 달려갔다. 그곳도 역시 비닐하우스였다.

검정 비닐하우스 문 앞에 섰다. 안쪽에서 거친 기계 소리가 새어 나왔다. 소음 때문에 다행히 아이들의 인기척은 들리지 않을 것 같았지만 아무래도 들어갈 엄두가 나지 않았다. 무턱대고 들어갔다간 안에서 무슨 일을 당할지 알 수 없었다.

"만약을 대비해서 도람이 너는 밖에 있어. 그리고 상황을 봐서 경찰에 신고해."

"그래, 알았어."

해찬이와 도람이가 작은 목소리로 말을 주고받았다.

"이런, 문이 잠겼어!"

해찬이가 손잡이를 잡고 조심스럽게 밀었다. 그런데 안에서 잠갔는지 문이 열리지 않았다. 주변을 둘러보니 비닐하우스 옆쪽에 창문이 있었다. 유나는 해찬이에게 손짓하며 창문을 가리켰다. 아이들은 또다시 살금살금 걸어 창문으로 다가갔다.

그때였다.

"이 도둑고양이 같은 녀석들! 여기서 뭘 하는 거야?"

천둥 같은 목소리가 해찬이와 유나 등 뒤에서 울렸다. 해찬이와 유나는 깜짝 놀라 일제히 소리를 질렀다.

이장이었다. 방금까지만 해도 아무도 없었는데 대체 언제 나타났을까? 해찬이는 가슴이 쿵쾅쿵쾅 뛰었다. 설상가상 빗방울이 떨어지기 시작하더니 금세 후두두 비가 쏟아지기 시작했다. 아이들의 비명은 어느새 빗소리에 묻혀 들리지 않았다.

이장은 해찬이와 유나를 끌고 비닐하우스 안으로 들어갔다. 비닐하우스 안은 퀴퀴한 냄새로 가득했다. 온갖 잡동사니는 먼지가 쌓인 채 곳곳에 널브러져 있었는데, 한쪽에 바깥을 비추는 감시 카메라 화면이 있었다. 아마 그걸 보고 아이들을 발견한 모양이었다.

반대쪽 구석에는 잔뜩 겁을 먹은 고양이들이 우리 안에 모여 있었다. 그 안에는 초코도 들어 있었다. 고양이들 뒤로 청소 기계가 불빛을 번쩍거리며 서 있었다.

"요즘 아이들은 참 겁도 없어. 대체 무슨 생각으로 여길 온 건지……."

말을 마친 이장이 아이들 주머니를 뒤져 스마트폰을 꺼냈다.

"안 돼요! 왜 남의 스마트폰을 가져가는 거예요?"

유나가 소리치며 달려들었지만 어른을 이길 수는 없었다.

"그러니까 누가 남의 공간에 함부로 들어오라던?"

이장은 그렇게 말하면서 아이들의 통화 목록을 확인했다.

"음. 경찰에 신고하진 않았군."

'이렇게 바로 들킬 줄 알았으면 신고부터 할걸.'

후회가 밀려왔다. 이제 믿을 건 도람이 뿐이었다. 다행히 이장이 도람이가 있다는 건 눈치채지 못한 듯했다.

"대체 여긴 뭐예요?"

"마을 고양이들이 사라지거나 죽은 것도 아저씨 짓인가요?"

흥분한 아이들이 따져 묻자 이장이 입을 열었다.

"오, 이런 얘들아, 날 너무 미워하지 마라. 이게 다 마을을 깨끗하게 하기 위한 거니까. 너희가 봐도 이 동네에는 고양이가 너무 많지 않니? 마을을 온통 더럽게 만드는데 요즘은 쥐약으로도 잘 안 죽더라고. 덕분에 내가 이런 것까지 만들었잖니. 이 청소 기계는 말이야. 지저분한 거라면 뭐든 깔끔하게 치워 주지. 고양이도 순식간에 빨아들이고 말이야."

이장은 오싹하게 웃으며 말을 이었다.

"그래도 너무 걱정하지 마. 잡은 고양이는 우리 마을보다 더 좋은 곳으로 데려다 놓을 테니 말이다. 내가 개발한 약이 있는데 이걸 먹으면 아주 얌전하고 착한 고양이가 되지. 이렇게까지 하고 싶지는 않은데 꺼낼 때마다 아주 난리여서 말이야."

이장은 그릇에 흰 가루를 넣고 휘휘 저었다. 그러고는 고양이들에게 성큼성큼 다가갔다. 고양이들은 겁에 질렸는지 바닥에 몸을 바짝 엎드렸다.

그 모습을 보고 유나가 이장에게 달려들었다. 하지만 유나는 금세 이장에게 붙잡혔다. 해찬이가 망연자실 서 있는 사이, 이장은 해찬이까지 붙잡아 유나와 함께 꽁꽁 묶었다.

"내 친구들을 풀어 줘!"

그때였다. 문을 열고 나타난 도람이가 소리를 지르며 이장에게 달려갔다. 그러고는 어디서 구했는지 모를 두꺼운 몽둥이로 이장이 들고 있던 그릇을 내리쳤다.

"아니, 저 녀석이!"

이장이 깜짝 놀라 잠시 주춤했다. 하지만 이내 정신을 차리고 도람이가 든 몽둥이를 낚아챘다. 그러고는 도람이마저 밧줄로 묶었다.

"이, 이 겁 없는 녀석들! 감히 나를 방해해? 내가 어떤 사람인 줄 알고!"

이장은 화를 참지 못하고 발까지 구르며 연신 씩씩거렸다. 그 사이 해찬이는 도람이에게 속삭였다.

"어떻게 된 거야? 경찰은?"

"……배터리가 없어서 신고를 못 했어."

도람이는 머뭇거리며 대답했다.

최악의 상황이었다. 해찬이와 유나의 표정이 어두워졌다.

"우리 푸른 마을은 다른 마을보다 모든 면에서 뛰어나야 해. 그건 바로 나, 길일장만이 할 수 있는 일이야. 내가 지금까지 얼마나 많은 것들을 이뤄 놨는데 이 지저분한 고양이들이 날이 갈수록 늘어나 아무 데나 똥을 싸고 쓰레기도 뒤지고……! 저놈의 고양이들을 마을에서 모두 내쫓을 거야! 그리고 그걸 방해하는 것들도 모두……."

한참을 씩씩거리던 이장이 알록달록한 전선으로 뒤덮인 모자를 집어 들었다.

"그러려면 너희가 지금 본 걸 좀 잊어 줘야겠다. 마을 이장이 동물 학대범이라는 걸 알면 사람들이 뽑아 주지 않을 거거든."

이장이 씩 웃자 금니가 번쩍하고 빛났다.

131

"뭐, 뭐 하시려는 거예요?"

해찬이가 당황스러운 목소리로 소리쳤다.

"너무 겁먹을 필요 없어. 잠깐이면 돼. 이걸 쓰면 모든 걸 싹 잊게 될 거야. 내가 만든 기억을 지우는 기계란다. 흐흐흐."

이장이 비열하게 웃으며 다가왔다. 아이들은 겁먹은 얼굴로 서로를 바라보았다.

'어떻게 하지?'

해찬이는 눈동자를 이리저리 굴려 가며 머리를 쥐어짰지만 뾰족한 수가 없었다. 그야말로 시간을 거꾸로 돌리고 싶었다.

"야옹!"

"초코잖아! 다시 멀쩡해졌네!"

어떻게 빠져나왔는지 초코가 꼬리를 바짝 세우고 튀어나왔다. 그러고는 곧장 이장을 향해 달려갔다. 초코는 순식간에 이장이 들고 있던 모자 위로 뛰어올라 떨어뜨리고는 전선을 물어뜯은 뒤 비닐하우스 벽을 타고 도망갔다.

"아니, 이 망할 고양이가!"

예상하지 못한 공격에 이장은 당황한 듯 허둥지둥했다. 하지만 곧 벽을 타고 올라간 초코를 향해 다가갔다.

"이 녀석! 내 손에 잡히기만 해 봐!"

하지만 초코는 쉽사리 잡히지 않았다. 잔뜩 약이 오른 이장은 몽둥이를 들고 벽에 댄 사다리를 기어올랐다.

손을 쭉 뻗자 초코가 닿을 듯 가까워졌다. 천장에 매달린 초코의 꼬리가 살랑살랑 흔들렸다.

'아!'

그 모습을 보던 해찬이가 눈을 반짝였다. 머릿속에 뭔가가 떠올랐다.

"아, 아저씨!"

해찬이가 다급한 목소리로 이장을 불렀다.

"저, 죄송한데 저희 초코는 절대 꼬리를 만지면 안 돼요. 전에 크게 다친 적이 있거든요. 꼬리를 만지면 아마 바로 기절해 버릴 거예요. 그러니까 꼬리는 잡지 말아 주세요. 네? 제발요!"

손을 뻗고 있던 이장이 그 말에 해찬이를 돌아보았다.

"그래? 네 고양이가 꼬리 만지는 걸 싫어한단 말이지?"

말이 끝나기가 무섭게 이장은 초코의 꼬리를 덥석 잡았다. 그 순간이었다.

지지지직!

"으악!"

지속 가능한 지구와
미래를 고민하는 공학

### 공학의 윤리 딜레마

우리 삶에 이롭게만 느껴지는 공학은 사실 양면의 칼날 같은 존재야. 도구도, 흉기도 될 수 있는 날카로운 칼처럼 누가 어떻게 활용하느냐에 따라 결과가 천차만별이지.

공학 윤리를 이야기하자면 꼭 소개되는 예가 하나 있어. 바로 노벨이 발명한 '다이너마이트'야. 적은 양으로도 큰 폭발력을 지닌 데다가 안전성까지 높인 노벨의 다이너마이트는 광산을 비롯해 각종 공사 현장에서 유용하게 사용됐어. 하지만 한편으로는 사람의 목숨을 빼앗는 전쟁 무기로 쓰이며 노벨에게 '죽음의 상인'이라는 불명예스러운 별명을 안겼지.

노벨과 비슷하지만 조금 다른 예시도 있어. 미국의 물리학자였던 오펜하이머는 '맨해튼 계획'에 참여해 핵 개발 프로젝트를 이끌었어. 애초에 전쟁 무기를 만들기 위한 모임이었고, 이때 만든 원자 폭탄은 제2차 세계대전을 끝내는 결정적 역할을 했지. 물론 전쟁을 끝내야 더 큰 피해가 생기지 않는 것도 맞지만, 원자 폭탄의 파괴력과 영향력을 생각하면 논란이 클 수밖에 없어.

우리나라에도 공학 윤리를 지키지 않아 인명 피해가 생긴 사건과 사고가 여럿 있었어. 다리 한가운데가 갑자기 주저앉은 '성수 대교 붕괴 사고', 1400여 명의 사상자가 생긴 '삼풍 백화점 붕괴 사고', 아파트 한 동이 통째로 무너져 내린 '와우 아파트 붕괴 사고'는 모두 부실 공사가 원인이었지. 당연한 말이지만 다른 사람에게 일부러 해를 가하려고 기술을 개발하는 공학자는 없어. 그렇기 때문에 쉽지 않더라도 가능한 다양한 결과를 예측하려고 노력해. 언제나 사용할 이들의 안전을 최우선으로 두고, 사회적 책임과 의무, 공학자로서 지켜야 할 양심 등의 내용을 '공학 윤리'로 새기면서 말이야.

두 얼굴의 다이너마이트

## 지속 가능한 지구를 위한 공학

공학의 발전으로 삶이 더욱 편리해진 곳이 있는가 하면 그렇지 못한 곳도 아주 많아. 나라 간, 지역 간 기술 혜택 격차가 점점 커지고 있어서 어떤 곳은 기본적인 생존조차 어려울 정도지.

이런 사람들을 위해 고안된 것이 '적정 기술'이야. 누구든 기본적인 삶을 누릴 수 있도록 돕는 적정 기술은 지형, 기후, 사회 구조, 비용 등 기술이 사용될 지역의 여러 상황을 고려해서 지속적으로 자원을 생산, 소비할 수 있게 해. 의식주와 위생 문제를 해결하는 것은 물론, 전달한 기술을 활용해 그곳 사람들이 스스로 생계를 유지할 수도 있어.

정수 필터가 들어 있어서 빨아들이기만 해도 깨끗한 물을 마실 수 있는 '정수기 빨대', 온도 차를 이용해 공기 중의 깨끗한 물을 모으는 '와카 워터', 소금과 물로 빛을 내는 '소금물 랜턴', 30분 동안 공을 차면 3시간 정도 불을 밝힐 전기가 만들어지는 '축구공 소켓', 물을 길러 먼 길을 오가는 아이들의 부담을 덜어 줄 이동형 물통 '큐드럼' 등이 모두 적정 기술로 만들어진 발명품이야. 즉, 적정 기술은 소외받는 모두와 지속 가능한 지구를 위한 따뜻한 기술이라고도 할 수 있지.

지속 가능한 지구를 위한다면 환경 문제도 신경 쓰지 않을 수 없어. 매일매일 세계 곳곳에서 환경 문제가 일어나는 요즘은 특히 말이야. 지구 온난화로 평균 기온이 올라간 지구에는 이상 기후를 보이는 지역이 늘고 있어. 비가 오지 않던 곳에 집중 호우가 쏟아지고, 겨울이 사라진 곳에서는 식물들이 계절을 잊은 채 꽃을 피우지. 사라지는 숲과 말라 버린 강물은 동물들의 터전을 없앨 뿐 아니라 함께 살아가는 인간에게도 결국 안 좋은 영향을 끼쳐.

공학은 이런 문제 또한 해결하기 위해 노력 중이야. 예를 들면 썩는 플라스틱 같은 친환경 물질을 개발하거나 화석 연료를 대체할 신재생 에너지를 궁리 중이지. 게다가 애써 만든 에너지가 낭비되지 않도록 에너지를 좀 더 효율적으로 관리하는 시스템을 개발하기도 했고.
하지만 다들 알다시피 공학이 모든 문제를 해결할 수는 없어. 그러니 우리도 에너지를 아끼고, 일회용품 사용을 줄이고, 무분별한 소비 습관을 바꿔서 지속 가능한 지구를 함께 만들어 가야겠지?

에티오피아의 와카 워터 장치

# 공학이 꿈꾸는 세상

"얘들아, 괜찮니?"

잠시 뒤, 요란하게 반짝이는 경찰차와 구급차가 비닐하우스를 둘러쌌다. 경찰들이 들어와 밧줄에 묶여 있던 해찬이와 유나, 도람이를 풀어 줬다. 그러고는 바닥에 있던 이장을 깨웠다. 한참 동안 꼼짝없이 기절해 있던 이장은 경찰들이 흔들어 깨우자 도망치지도 못하고 끌려갔다.

"원, 세상에……. 고양이들을 죄다 잡아다 가두고 있었네."

경찰들 뒤로 분홍 가방을 든 누군가가 나타났다.

"하, 할머니?"

해찬이네 옆집 할머니였다. 이런 곳에서 할머니를 만나다니. 할머니가 반갑기는 처음이었다.

해찬이 목소리에 깜짝 놀란 할머니가 아이들의 상태를 확인하며 물었다.

"네가 여기 왜 있는 게야? 어디 다친 데는 없니?"

"네. 괜찮아요."

해찬이는 일어나 몸을 툭툭 털고 도람이와 유나를 부축했다. 그런데 유나는 자리에서 일어나지 못했다.

"유나야, 너 다리 괜찮아?"

"아까 밀려 넘어지면서 의족이 망가졌나 봐."

할머니가 구급대원을 불렀다. 유나는 구급대원이 가지고 온 들것에 앉았다. 다행히 다른 곳은 다치지 않았고 도람이도 멀쩡했다.

"그런데 할머니는 여기에 웬일이세요?"

해찬이가 묻자 유나도 이어 질문했다.

"혹시 아까 낮에 고양이들한테 밥 주던 할머니 아니세요?"

'어쩐지 뒷모습이 익숙하더라니……!'

해찬이도 그제야 아까 낮에 본 화면이 떠올랐다.

"어떻게 알았니? 거긴 내가 평소에 고양이들 밥을 챙겨 주는 곳이지."

할머니가 기억을 더듬는 듯 눈을 가늘게 늘이며 말했다.

"낮에 가고 해 질 무렵에 한 번 더 갔거든. 그런데 고양이들이 한 마리도 안 나타나지 뭐냐. 분명 무슨 일이 생겼구나 싶었지.

주변을 둘러보다가 이쪽 근처를 지나는데 안이 소란스럽더라고. 고양이 비명에 너희들 목소리도 들리고. 그래서 경찰에 신고했는데 이미 출동 중이라더구나."

"내가 한 건 아닌데……. 누구지? 너희도 아니지?"

도람이가 중얼거리며 해찬이와 유나를 바라보았다. 두 사람도 아니라며 고개를 가로저었다.

"그나저나 너희는 이 위험한 곳까지 어쩌다 오게 된 거니?"

할머니가 걱정스러운 투로 아이들에게 물었다.

"제 고양이 까뮈를 잃어버렸거든요. 그런데 이곳에도 없네요."

유나는 어두운 표정으로 말했다.

"혹시 까만 턱시도 고양이 말하는 거니? 발은 흰색인?"

"네! 맞아요! 혹시 보셨어요?"

"우리 집에 있단다."

"정말요?"

아이들은 할머니 말에 깜짝 놀라 눈을 동그랗게 떴다.

"저희가 지금까지 까뮈를 찾으려고 얼마나 돌아다녔는데요. 전단도 붙였고요. 혹시 못 보셨어요?"

"아이고, 이 녀석들아. 전화번호를 틀리게 써 놓은 것도 몰랐어? 내가 몇 번을 전화했는데……."

전화번호를 잘못 적었다는 말에 민망해진 해찬이가 머리를 긁적였다.

"어쨌든 너희가 무사하면 됐다. 어서 집으로 가자."

할머니는 해찬이의 어깨를 토닥이며 말했다.

"할머니 먼저 가세요. 저희는 마무리해야 할 일이 있어서요."

해찬이는 안고 있던 초코를 들어 보이며 말했다. 이장과 함께 떨어지는 바람에 다시 고장 났는지 꼼짝도 하지 않았다.

"아까 낮에 본 로봇 고양이구나."

"네? 초코를 아세요? 로봇인지는 어떻게 아셨어요?"

눈이 다시 휘둥그레진 도람이가 할머니에게 물었다.

"딱 봐도 로봇인데 뭘 그러니. 고장 났다고? 이리 줘 봐라."

할머니가 초코를 건네받아 이곳저곳을 살폈다. 아이들은 의아한 얼굴로 할머니의 행동을 바라보았다.

초코를 이리저리 살피던 할머니가 해찬이에게 말했다.

"여기서는 안 되겠다. 장비가 필요해."

"그러면 저희랑 같이 가실래요?"

아이들은 할머니를 장영실의 비닐하우스로 안내했다.

"그런데 이장 아저씨는 어쩌다가 갑자기 떨어진 거야?"

"맞아! 초코 꼬리를 만졌을 때 모습이 꼭 감전된 것 같았어."

"그야 당연하지. 초코 꼬리에는 전기가 흐르니까."

"그걸 네가 어떻게 알아?"

"이 공학자 해찬 님에게 그 정도는 척 보면 딱이지!"

도람이 말에 해찬이가 어깨를 으쓱하며 말했다. 하지만 그건 사실 해찬이를 불러 세운 장영실이 따로 귀띔해 준 내용이었다.

'나는 그사이에 어떻게든 초코 시스템을 복구해 볼게. 위급할 때는 초코의 꼬리를 이용하렴.'

'경찰에 신고한 것도 장영실 아저씨겠지? 초코를 복구하고 우리가 위험한 걸 알았을 거야.'

해찬이가 생각에 잠긴 사이, 장영실의 비닐하우스에 도착했다.

"대체 여기에 뭐가 있다는 게야?"

"얘들아! 너희 괜찮아?"

할머니 말이 끝나기가 무섭게 장영실이 나타나 아이들에게 달려왔다. 그러다가 할머니를 발견하고는 놀란 눈으로 제자리에 멈췄다.

"자네?"

할머니 역시 눈을 동그랗게 뜨고 장영실을 바라봤다.

"아, 맞다. 할머니. 이분은 사람이 아니고……. 아니, 사람은 맞는데 몸은 여기에 있는 것도 아니고 없는 것도 아닌……."

홀로그램인 걸 알면 할머니가 너무 놀랄 것 같았다. 해찬이는 놀라기 전에 상황을 설명하려고 했다.

"아니, 자네가 여기에 왜 있나? 그것도 홀로그램 상태로?"

"세상에나……. 박사님!"

장영실과 할머니는 두 손을 마주 잡았다. 아니, 정확히 말하면 손과 손이 갖닿아 있는 것처럼 보이는 상태로 서 있었다.

"어? 두 분, 아는 사이에요?"

도람이가 눈을 깜빡이며 묻자 할머니가 환한 얼굴로 말했다.

"암, 알다마다. 내 제자 중에 가장 모범생이었던 장영실이지."

"맞아. 내 스승님이셔. 고영희 박사님이지."

"고영희 박사님? 혹시 이번에 열리는 발명 대회의 그 고영희 박사님이요?"

"하하. 내 이름을 딴 발명 대회를 연다고 듣긴 했단다. 굳이 내 이름을 붙일 필요는 없는데 말이야. 어쨌든 미래의 공학자를 찾는 좋은 일이 될 것 같아 흔쾌히 함께하기로 했지."

할머니는 연구실 한쪽에 앉아 초코를 고치며 말했다. 그러는 동안 장영실은 아이들에게 고영희 박사가 로봇 공학자이며 다양한 로봇을 만들었다고 설명해 주었다.

"그래서 자네는 지금 어디에 있는 건가? 이렇게 훌륭한 연구소를 두고 말이야."

"네, 박사님. 저는 지금 북태평양 플라스틱 섬 근처에 있어요. 제가 만든 기계로 쓰레기를 치우고 있는데 정말 끝이 없네요."

장영실은 그렇게 말하며 쓰레기로 가득한 바다 영상을 띄웠다.

"역시 자네다워. 그런데 겉을 이렇게 허름하게 만들 필요가 있었나? 안은 멋지게 꾸몄으면서 말이야."

"그게……. 사람들 눈을 피하려면 어쩔 수 없었어요. 하하."

장영실은 머리를 긁적이며 말했다.

"박사님은 어떻게 지내고 계세요?"

"나이가 들어서 그런지 몸도 뻣뻣하고 관절 여기저기가 아파서 원……."

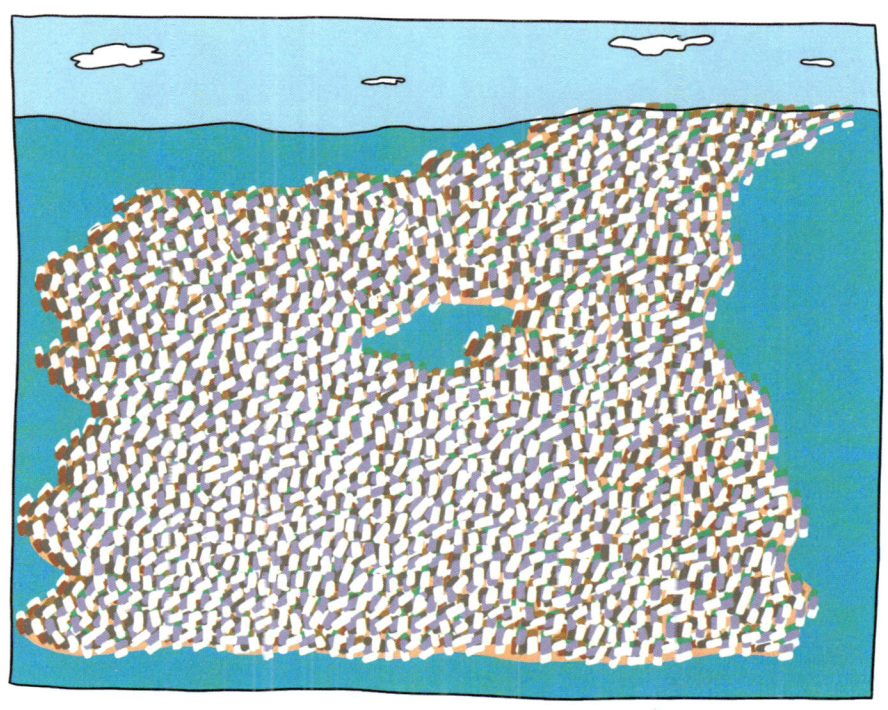

"아, 그러면 쉬고 계신가요?"

"아니. 고양이를 연구하고 있지. 겸사겸사 밥도 챙겨 주면서 말이야."

"이야! 역시 박사님이십니다."

장영실이 환하게 이를 드러내며 웃었다.

"가만, 너 다리는 괜찮니?"

할머니가 갑자기 생각난 듯 유나를 보며 말했다.

"네, 의족이 좀 망가지긴 했는데 걸을 수는 있어요."

"음. 이따가 우리 집에 오거라. 까뮈도 데려가고 이번에 시험용 의족을 하나 만들었는데 원한다면 선물로 주마."

"네? 정말요?"

"정말이고 말고. 생체 모방 기술을 적용한 건데 이전에 쓰던 것보다 움직임이 자연스럽고 편할 거야. 마침 딱 맞는 주인을 만난 것 같구나."

"까뮈를 보살펴 주신 것도 감사한데⋯⋯. 참, 까뮈를 찾아 주신 보답을 해 드려야 할 것 같아요."

유나는 그렇게 말하며 주머니에서 주섬주섬 돈을 꺼냈다.

"보답은 무슨. 아이고, 벌써 시간이 이렇게 됐네. 초코는 이제 괜찮을 게야. 나는 먼저 갈 테니 이따가 잊지 말고 들러라."

할머니는 장영실과 아이들에게 인사를 건넨 후, 비닐하우스를 빠져나갔다.

"아저씨! 공학은 정말 멋진 것 같아요. 사라진 고양이들을 무사히 구했고 제 의족도 점점 좋아지고 있잖아요. 고영희 할머니랑 장영실 아저씨는 정말 훌륭한 공학자세요."

유나의 말에 해찬이와 도람이도 고개를 끄덕였다.

"그렇게 생각해 주니 고맙다. 그런데 얘들아, 사실 공학 기술

자체는 좋은 것도, 나쁜 것도 아니란다. 누가 어떻게 활용하느냐가 중요하거든. 음, 다이너마이트를 생각해 봐."

해찬이는 장영실의 말을 듣고 이장을 떠올렸다. 좋은 기술로 고양이뿐 아니라 친구들과 자신을 해치려고 했던 이장을 생각하니 소름이 돋았다.

"까뮈를 찾았으니 이제 발명 대회만 남았네. 너희는 같은 팀으로 나가는 거지?"

장영실이 아이들을 보며 말했다.

"아니요, 저희는 각자 나갈 건데요?"

해찬이와 도람이가 동시에 말했다.

장영실은 잠시 뜸을 들였다가 다시 말을 이었다.

"너희 셋이 힘을 합쳐서 고양이 학대범을 잡고 까뮈도 찾았잖아. 함께하면 더 좋은 결과를 낼 수 있을 텐데……. 서로의 장점을 합치면 좋은 발명품이 나오지 않을까?"

"아저씨 말이 맞아. 도람이의 기계 활용력와 정보력, 해찬이의 아이디어라면 충분히 우승할 수 있을 거야! 그런데 나도 끼워 주는 거지?"

"당연하지!"

유나의 말에 해찬이와 도람이가 동시에 큰 소리로 대답했다.

"새로운 걸 만드는 것도 좋지만 일상에서 느낀 불편함을 찾아 봐. 기존의 것을 다른 방식으로 활용하는 것도 괜찮은 방법이고. 관찰과 상상은 공학의 출발이니까."

장영실의 말을 들으며 아이들은 고개를 끄덕였다.

"그런데 아저씨는 푸른 마을에 안 와요?"

"그러게. 너희를 직접 만나고 싶고 발명 대회도 궁금하지만 아직 해야 할 일이 많아. 푸른 마을에서의 연구는 거의 끝났으니 정리하고 다른 곳으로 갈 계획이야."

"다른 곳 어디요?"

"정리하려면 어차피 여기에 오셔야 하잖아요."

"몽골 사막으로 갈 거야. 태양 에너지 발전 기술을 본격적으로 연구해 보려고. 아, 그리고 이건 비밀인데……."

장영실이 갑자기 몸을 숙이고 작은 목소리로 속삭였다.

"이 비닐하우스는 사실 비행선이야."

"네? 비행선이라고요?"

"그럼 설마……. 이걸 통째로 옮길 수 있어요?"

"그렇지!"

"진짜요? 와! 상상만 하던 건데 그게 정말 가능하다고요?"

아이들의 반응을 예상이라도 한 듯 장영실은 하얀 이를 드러

내며 씩 웃었다.

"상상은 언젠가 현실이 돼. 우주 여행도 처음에는 상상으로 시작했잖니."

장영실의 말에 아이들이 눈빛을 반짝였다.

"인류와 지구를 위한 미래 문제 연구소답네요."

"그렇지. 그러니 너희도 다양한 분야에 관심을 갖고 익숙하지 않더라도 받아들이는 넓은 마음을 갖길 바라. 공학이 세상을 좀 더 멋지게 바꿀 수 있도록 너희들도 함께하면 좋겠다."

장영실이 더욱 환하게 웃었다. 어디선가 불어오는 바람에 장영실의 머리카락이 살랑거리며 흩날렸다.

"그러다 보면 우리도 언젠가 다시 만나게 될 거야. 그렇지?"

"네!"

해찬이와 유나, 도람이가 한목소리로 씩씩하게 대답했다.

장영실이 리모컨을 누르자 비닐하우스의 천장이 활짝 열렸다. 어느새 비가 그치고 날이 어두워져 있었다. 비 온 뒤라 하늘이 깨끗하고 바람도 선선했다. 장영실과 아이들의 웃음소리가 흘러나오는 비닐하우스 위로 별들이 유난히도 반짝였다.

공학자를 꿈꾸는
친구들에게

### 과학과 수학, 그리고 공학

공학 분야에 필수인 학문을 꼽으라면 과학과 수학일 거야. 과학은 자연 현상의 원리를 탐구하는 학문으로 상대성 이론, 만유인력의 법칙, 지동설 등도 모두 자연에서 발견했어. 공학은 이러한 자연 탐구 결과를 응용해서 생활에 유용한 제품을 만들어 내. 얼음이 0도에서 언다는 과학적 사실에서 냉동고를, 원심력 때문에 생기는 소용돌이가 옷을 마찰시켜 얼룩을 지운다는 발견에서 세탁기를 만든 것처럼 말이야.

한편, 공학자는 '설계자'라고도 표현해. 가령 강 위에 다리를 만든다고 하면 하루 교통량을 계산해서 다리가 얼마만큼의 무게를 견뎌 내야 하는지, 강이 얼마나 깊고 물살은 얼마나 빠른지, 길이 막히면 돌아갈 수 있도록 다른 길과 거리가 멀지는 않은지 등등 다양한 수치 계산이 필요해. 만약 이런 것들을 정확히 계산하지 않는다면 설계 자체가 허술해지고 결국 부실 공사로 이어지고 말 거야.

즉, 과학과 수학은 공학자들에게 '실용성'과 '객관성', '정확성'을 길러 주는 학문이라고 할 수도 있는 셈이지.

## 공학자에게 필요한 '창의성'

과학은 하나의 정답만이 존재해. 지구와 물체가 서로 끌어당긴다는 '만유인력의 법칙', 물에 잠겨 있는 물체가 밀어 올려지는 힘인 '부력', 그 밖에도 '원심력'과 '구심력' 같은 과학 원리는 맞고 틀림이 분명하지. 하지만 공학에는 정답이 없어. 그래서 공학자에게는 창의성이 필요해. 하나의 과학 원리로 여러 가지 물건을 만들 수 있거든.

부력을 이용한 대표적인 발명품, '배'를 생각해 보자. 직접 노를 젓는 나룻배, 자동차를 실을 수 있는 카페리, 얼음을 깨며 나아가는 쇄빙선, 바닷속을 잠수해 움직이는 잠수함까지, 배의 종류만 해도 얼마나 다양한지 몰라. 심지어 튜브, 구명조끼, 열기구 등도 부력을 이용한 발명품이야. 사람에게 필요한 것을 인식하고 기획, 설계, 제작, 디자인까지 해내려면 아이디어가 어마어마하게 필요하겠지.

그럼 이런 창의력을 어떻게 키울 수 있느냐고? 당연히 과학, 사회, 인문 등 다양한 지식이 담긴 책을 읽는 게 도움이 되겠지. 하지만 그보다 더 쉬운 건 새로운 뭔가를 해 보는 거야. 틀에 박힌 일상을

벗어나 새로운 곳으로 여행 가거나, 친구들과 옆 동네 놀이터에 가 보는 것도 충분해. 그림을 그리거나 만들기를 하는 것도 좋고, 한 가지 주제를 정해서 친구들과 격렬하게 토론하는 것도 다른 사람의 생각을 아는 귀한 경험이 될 거야. 공학처럼 창의력을 기르는 방법에도 정답은 없으니까.

### 공학자의 자질과 목표

요즘은 스팀 교육이니 융합 인재니 문·이과의 경계를 넘어 통합적 사고의 중요성을 강조하는 곳이 많아. 공학도 그렇잖아. 한 가지 분야보다는 여러 분야가 합쳐지거나, 더 나아가 문과적 사고력인 인문학적 소양을 요구하는 사례가 늘어나고 있지. 관심사가 다양하고 시야가 넓은 공학자는 생각지도 못한 곳에서 힌트를 발견하고 사람들의 문제를 더 쉽게 해결할 수 있는 법이니까.

그런 공학자가 되고 싶다면 어떤 대학에 가야 할까? 우선 사람들의 생활 공간에 관심이 많다면 사회 기반 시설을 만드는 토목 공학, 건축 공학, 환경 공학 등 건설 환경 분야의 공학을 전공하면 돼. 특히 요즘의 건설 환경 분야는 도로나 다리, 건물 등 단순한 건축물을 넘어 도시 전체를 계획하고 꾸미는 역할로서의 의미가 커.

움직이는 기계가 좋다고? 그렇다면 기계 공학과를 추천해. 기계 공학은 자동차, 로봇, 엔진, 냉장고, 비행기, 우주선 등 거의 모든 분야에 활용되는 학과로 '공학의 꽃'이라고도 불려. 사람의 일을 기계가 대체하기 시작

한 때부터 지금까지 세상의 변화를 쭉 이끌어 온 대표적인 분야지.

전기 전자 및 정보 통신 공학은 인터넷, 스마트폰 등 IT 정보 통신 분야의 핵심이야. 교육, 취미, 쇼핑 등 앞으로 더욱 확대될 디지털 세계의 밑바탕이자 4차 산업 혁명을 이끌어 갈 분야지.

이 밖에도 중요성이 점점 더 크게 강조되는 환경 공학, 늘어난 수명과 오래오래 건강하게 잘 사는 삶으로의 관심을 반영하는 생명 공학, 모든 공학 발명품의 기본이 되는 재료 공학, 새로운 더 넓은 세상을 꿈꾸는 항공 우주 공학 등 아주 많은 분야가 있으니 자신의 관심사에 맞춰 천천히 고민해 보자!

[사진 자료]
29p.버스 정류장 전광판1ⓒ공공누리, 버스 정류장 전광판2ⓒWikiwater2020_WikimediaCommons, 보온병ⓒOutdoors Finland_flickr, 냉장고ⓒMatti Blume_WikimediaCommons / 31p.자동차 계기판ⓒJakob Härter_flickr / 55p.콜로세움ⓒFeaturedPics_WikimediaCommons / 56p.나침반ⓒAuckland Museum_WikimediaCommons, 증기 기관ⓒMartin Bodman_WikimediaCommons / 84p.대장경판ⓒ문화재청 대변인실 / 86p.신기전ⓒKai Hendry_flickr, 신기전기 화차ⓒ국립중앙과학관 / 87p.창경궁 자격루, 앙부일구ⓒ국립고궁박물관 / 113p.스마트폰ⓒLand Rover MENA_WikimediaCommons / 115p.VR기계ⓒsamuelemunemu32_flickr / 137p.다이너마이트ⓒOlecrab_WikimediaCommons / 139p.와카 워터ⓒPOET ARCHITECTURE_flickr

# 홀로그램 공학자의 비밀 연구소

1판 1쇄 인쇄 | 2023. 11. 30.
1판 1쇄 발행 | 2023. 12. 8.

박효연 글 | 허현경 그림 | 주오심 멘토

**발행처** 김영사 | **발행인** 고세규
**편집** 문새미 | **디자인** 김민혜 | **마케팅** 서영호 | **홍보** 조은우
**등록번호** 제 406-2003-036호 | **등록일자** 1979. 5. 17.
**주소** 경기도 파주시 문발로 197(우10881)
**전화** 마케팅부 031-955-3100 | 편집부 031-955-3113-20 | 팩스 031-955-3111

© 2023 박효연, 허현경
이 책의 저작권은 저자에게 있습니다. 저자와 출판사의 허락 없이 내용의 일부를 인용하거나 발췌하는 것을 금합니다.

값은 표지에 있습니다.
ISBN 978-89-349-4587-1 73810

좋은 독자가 좋은 책을 만듭니다. 김영사는 독자 여러분의 의견에 항상 귀 기울이고 있습니다.
전자우편 book@gimmyoung.com | 홈페이지 www.gimmyoungjr.com

이 시리즈는 산업통상자원부의 지원을 받아 NAEK 한국공학한림원과 주니어김영사가 발간합니다.

---

**어린이제품 안전특별법에 의한 표시사항**
제품명 도서  제조년월일 2023년 12월 8일  제조사명 김영사  주소 10881 경기도 파주시 문발로 197
전화번호 031-955-3100  제조국명 대한민국  ▲주의 책 모서리에 찍히거나 책장에 베이지 않게 조심하세요.